LEYENDAS
DE
MÉXICO

Anónimo

LEYENDAS
DE
MÉXICO

Leyendas de México

Anónimo

Edicion: 2006

© Derechos reservados conforme a la Ley, 2006
Ediciones Leyenda, S.A. de C.V.
Ciudad Universitaria No. 11
Col. Metropolitana 2a. Sección
Ciudad Nezahualcóyotl
Estado de México
C.P. 57730
Tel.: 57 65 73 50, Tel./Fax.: 57 65 72 59

ISBN 968-5146-70-5

Miembro de la Cámara Nacional
de la industria Editorial, Reg, No, 3108

www.leyenda.com.mx
www.ediciones_leyenda@hotmail.com

Impreso en México - Printed in Mexico

PRÓLOGO

Nuestro país, rico en una tradición oral, se destaca por sus historias transmitidas de generación en generación, algunas historias datan de la época precortesiana, algunas otras nacen a partir de la Conquista de México, generando un mestizaje no sólo racial, sino cultural, enriqueciéndose ambas culturas.

La tradición oral siempre a falta de escribanos, confiaba en la memoria de los relatores y los escuchas; tan importante es esta tradición, que ha perdurado hasta nuestros días; quién no se ha sentado cuando el abuelo nos cuenta la historia de "La Llorona", y nos crispaban los nervios, u otras historias como "La Mulata de Córdoba" o "La Planchada", cientos de historias que ahora recopilamos para usted.

Ediciones Leyenda se ha preocupado por recopilar algunas de las muchas historias de nuestro país, las hemos seleccionado de acuerdo con su popularidad, hemos tenido, lamentablemente, que dejar fuera de esta edición muchísimas historias, ya que la extensa e importante tradición de las leyendas mexicanas, hace prácticamente imposible editarlas todas, además de que cada Estado de nuestra República cuenta con sus propias historias y hasta sus propias versiones.

Hemos hecho esta selección para que nuestras leyendas mexicanas no se pierdan en las nieblas del tiempo y de la memoria del pasado...

La ciudad de México y muchas otras del país, cuentan con muchas historias y leyendas, unas basadas en hechos reales y otras han sido creadas por la imaginación, los "chismes" y hasta por creencias populares.

Disfrute con estas leyendas mexicanas, transmítalas a sus hijos, hermanos y amigos, para que nuestra rica tradición no desaparezca, sino por el contrario, se fortalezca y despierte el interés de investigar nuestras leyendas mexicanas.

Salvador

La Calle de don Juan Manuel

Cuenta la leyenda que hace muchos años vivía en una calle de la ciudad de México un hombre muy rico, cuya casa estaba exactamente atrás del Convento de San Bernardo. Este hombre era don Juan Manuel, que se encontraba casado con una mujer muy bella y de alta alcurnia. Don Juan Manuel, a pesar de su riqueza, de poseer una mujer tan bella y con tantas cualidades, estaba triste, su tristeza era muy grande porque a pesar de todo lo bueno de su vida, sabía que jamás sería padre; su mujer jamás podría darle un hijo.

Su tristeza era tan grande que lo estaba matando lentamente, su carácter amable y gentil, había cambiado, el fastidio lo exasperaba y para consolarse decidió consagrar su vida a la religión católica, pero fue tan exagerada esta decisión que, no conforme con asistir casi todo el día a las iglesias, quiso dejar a su esposa y convertirse en fraile. Para lograr esto, mandó traer a un sobrino que vivía en España, para que se hiciera cargo de la administración de sus negocios. Llegó al poco tiempo el sobrino, pero coincidentemente don Juan Manuel se puso cada vez más terriblemente celoso, tanto que llegó a pensar que su mujer le era infiel; tan grandes eran estos celos que una noche como cualquier otra, invocó al diablo y le prometió entregarle su alma, si a cambio, éste le proporcionaba el medio de descubrir al que pensaba lo estaba deshonrando. El diablo astutamente apareció inmediatamente, y le ordenó que cada noche saliera de su casa a las once en punto, y que matara al primero que encontrase. Don Juan Manuel cumplió la orden de belcebú, pero al otro día cuando creía que ya estaría vengado, y se sentía tranquilo y satisfecho, el diablo se le volvió a aparecer y le dijo que al hombre que había matado la noche anterior era inocente, pero le ordenó que siguiera saliendo todas las noches y continuara matando, y que sólo hasta cuando él mismo se le apareciera junto al cadáver del asesinado, éste sería el culpable.

Entonces don Juan Manuel obedeció al pie de la letra las órdenes del diablo sin replicar. Cada noche salía de su casa: bajaba las escaleras, atravesaba el patio, abría la tranca del zaguán, se recargaba en un muro, y envuelto en una gran y ancha capa negra, esperaba a que llegase la víctima. Entonces no había alumbrado público y en medio de la oscuridad y del silencio de la noche, se escuchaban los lejanos pasos, cada vez más cerca y poco después aparecía la sombra de un caminante a quien don Juan Manuel, acercándose le preguntaba:

—Perdone vuestra merced, ¿qué horas son?

—Son las once.

—¡Dichoso vuestra merced, que sabe la hora de su muerte!

Entonces sacaba un puñal, en las tinieblas se escuchaba un grito ahogado, luego, el golpe de un cuerpo que cae, y el asesino, en silencio, sin aparentes remordimientos, impasible, volvía a abrir el zaguán, atravesando de nuevo el patio de su casa, subía las escaleras y se recogía nuevamente en su habitación.

La ciudad despertaba consternada. Todos los días por la mañana, en dicha calle, los vigilantes recogían un cadáver, y nadie podía explicarse el misterio de aquellos asesinatos tan frecuentes y espantosos.

Sucedió que uno de tantos días muy temprano por la mañana, los vigilantes de la ronda nocturna, llevaron un cadáver a la casa de don Juan Manuel, y éste con el horror dibujado en la cara, miró y reconoció el cadáver de su sobrino, al que tanto quería y al que debía la conservación y crecimiento de sus bienes y su fortuna.

Don Juan Manuel al verlo, trató de disimular y no expresar sus sentimientos, pero una terrible sensación de remordimiento invadió todo su ser, y pálido, tembloroso y arrepentido, fue a la iglesia del convento de San Francisco, entró a la celda de un comprensivo e inteligente religioso, y arrodillándose a sus pies, y abrazando sus rodillas, le confesó cada uno sus pecados, todos sus crímenes engendrados por el espíritu de belcebú, a quien había prometido entregar su alma.

El monje lo escuchó con la tranquilidad del juez y con la serenidad del justo, y luego que hubo concluido su confesión don Juan Manuel, le mandó por penitencia que durante tres noches seguidas fuera a las once en punto de la noche a rezar un rosario al pie de la horca, para que sus faltas fueran perdonadas y así poder absolverlo de sus culpas.

La primera noche don Juan Manuel intentó cumplir con lo encomendado por el fraile, pero no había aún recorrido todas las cuentas de su rosario, cuando percibió una voz sepulcral que imploraba en tono con mucho dolor:

—¡Un Padre Nuestro y un Ave María por el alma de don Juan Manuel!

Don Juan Manuel se quedó mudo, después de reponerse fue a su casa, y sin poder pegar los ojos, esperó el alba para ir a comunicarle al fraile lo que había escuchado la noche anterior.

—Vuelva esta misma noche y haga lo encomendado —le dijo el religioso—, es preciso que sepa que esto ha sido dispuesto por el que todo lo sabe para salvar su alma y reflexione que el miedo se lo ha inspirado el demonio como un truco para apartarlo del buen camino, y haga la señal de la cruz cuando sienta espanto.

Humilde, sumiso, obediente y arrepentido, don Juan Manuel se presentó a las once en punto en la horca, pero aún no había comenzado a rezar, cuando vio un cortejo de fantasmas, que con cirios encendidos conducían su propio cadáver en un ataúd.

Muerto de horror, tembloroso y desencajado, se presentó al día siguiente en el convento de San Francisco.

—¡Padre —le dijo —por Dios, por su santa y bendita madre, antes de morirme concédame la absolución!

El fraile se hallaba conmovido, y juzgando que hasta sería falta de caridad el retardar más el perdón, le absolvió al fin, pero le exigió que por última vez esa misma noche fuera a rezar el rosario que le faltaba.

Esa noche algo pasó, nadie supo realmente qué fue lo que sucedió, los habitantes siempre se preguntaron, jamás hubo respuestas, sólo quedaron dudas e inventos...

¿Qué fue del penitente?, lo dice la leyenda. ¿Qué pasó allí? Nadie lo sabe, y sólo agrega la tradición que al amanecer se encontraba colgado de la horca pública un cadáver, era el del muy rico don Juan Manuel de Solórzano, asistente y mano derecha que había sido del Marqués de Cadereita.

El pueblo dijo desde entonces que a don Juan Manuel lo habían colgado los ángeles en consecuencia de sus espantosos asesinatos, sólo así pudo pagar su deuda consigo mismo y la tradición lo repite y lo seguirá repitiendo por los siglos de los siglos.

Amén.

La Llorona

Cuenta esta leyenda que, una vez consumada la conquista de México por los españoles y más o menos a mediados del siglo XVI, los habitantes de la ciudad de México se recogían en sus casas a la hora del toque de queda, anunciada por las campanas de la catedral. A media noche y casi siempre cuando había luna llena, los ciudadanos despertaban llenos de horror al oír en la calle tristes y prolongadísimos gritos y gemidos, lanzados por una mujer, a quien parecía afligía una gran pena moral o tremendo dolor físico.

La mayor parte de las veces, los vecinos se contentaban con persignarse o santiguarse, dado que aquellos lúgubres y lastimeros gemidos eran, según ellos, de ánimas del inframundo; pero fueron tantos y tan repetidos y se prolongaron por tanto tiempo, que algunos, los más valientes y despreocupados, quisieron cerciorarse con sus propios ojos qué era aquello; y con mucha curiosidad, pero mucho temor, primero miraron desde las puertas entreabiertas, de las ventanas o balcones, y después atreviéndose a salir por las calles, lograron ver a la que, en el silencio de las oscuras noches o en aquellas en que la luz pálida y transparente de la luna caía como un manto vaporoso sobre las altas torres, los techos y tejados y las calles, lanzaba agudos y tristísimos gemidos.

Vestía la mujer traje blanquísimo, y blanco y espeso velo cubría su rostro. Con lentos y callados pasos recorría muchas calles de la ciudad dormida, cada noche recorría distintas calles, aunque sin faltar una sola, caminaba a la Plaza Mayor, donde vuelto el cubierto rostro hacia el oriente, se hincaba de rodillas y daba el último angustioso, lastimero y larguísimo lamento; se ponía de pie, continuaba con el paso lento y pausado hacia el mismo rumbo, al llegar a orillas del salobre lago, que en ese tiempo penetraba dentro de algunos barrios, como una sombra o vapor se desvanecía.

"La hora avanzada de la noche, —dice el Dr. José María Marroquí— el silencio y la soledad de las calles y plazas, el traje, el aire, el pausado andar de aquella mujer misteriosa y, sobre todo, lo penetrante, agudo y prolongado de su gemido, que daba siempre cayendo en tierra de rodillas, formaba un conjunto que aterrorizaba a cuantos la veían y oían, y no pocos de los conquistadores valerosos y esforzados, que habían sido espanto de la misma muerte, quedaban en presencia de aquella mujer, mudos, pálidos y fríos, como de mármol. Los más animosos apenas se atrevían a seguirla a larga distancia, aprovechando la claridad de la luna, sin lograr otra cosa que verla desaparecer llegando al lago, como si se sumergiera entre las aguas, y no pudiéndose averiguar más de ella, e ignorándose quién era, de dónde venía y a dónde iba, se le dio el nombre de *La Llorona*."

Otras versiones nos dicen que esta mujer caminaba sola por las calles de la ciudad, algo poco común para su época (cabe destacar que esta leyenda se liga siempre con noches lluviosas, o lugares donde hay agua, es decir, lagos, ríos, presas, etc.); y que tenía el aspecto de una mujer normal. Esta mujer, según cuentan, era de bellas facciones, y algunos trasnochados caballeros al verla sola la seguían y saludaban galantemente, y ella contestaba graciosa y educadamente y seguía presurosa su camino; muchos que dicen haberla visto recuerdan su rostro bello, pero con dejos muy marcados de melancolía; al irse acercando a la plaza mayor comenzaba a dar larguísimos y lastimeros gritos, caía presa del llanto y los sollozos, caminaba tan aprisa algunas veces que en un instante, después de haber vuelto el rostro hacia catedral y estar de rodillas sollozando y gimiendo, se levantaba y parecía volar de tan rápido que caminaba hasta llegar a las orillas del lago que en ese entonces llegaba cerca de catedral hacia el oriente, y ahí desaparecía misteriosamente.

Tal es en pocas palabras la genuina tradición popular que durante más de trescientos años quedó grabada en la memoria de los habitantes de la ciudad de México y que ha ido borrándose a medida que la sencillez de nuestras costumbres y las nuevas generaciones son cada vez más incrédulas, y estas leyendas han ido perdiéndose en la niebla de los tiempos.

Pero olvidada o casi desaparecida, la leyenda de La Llorona es antiquísima y se generalizó en muchos lugares de nuestro país, transformada o asociándola a crímenes pasionales, y aquella caminante nocturna y blanca sombra de mujer, parecía gozar del don de ubicuidad, pues recorría caminos, penetraba por las aldeas, pueblos y ciudades, se hundía en las aguas de los lagos, vadeaba ríos, subía a las cimas en donde se encontraban cruces, para llorar al pie de ellas o se desvanecía al entrar en las grutas o al acercarse a las tapias de un cementerio.

"La tradición de La Llorona tiene sus raíces en la mitología de los antiguos mexicanos. Sahagún en su Historia *(libro 1°, Cap. IV)*, habla de la diosa Cihuacóatl, la cual aparecía muchas veces como una señora compuesta con unos atavíos como se usan en Palacio; decían también que de noche voceaba y bramaba en el aire... Los atavíos con que esta mujer aparecía eran blancos, y los cabellos los tocaba de manera que tenía como unos cornezuelos cruzados sobre la frente. El mismo Sahagún (Lib. XI), refiere que entre muchos augurios o señales con que se anunció la Conquista de los españoles, el sexto pronóstico fue que de noche se oyeran voces muchas veces como de una mujer que angustiada y con lloro decía: '¡Oh, hijos míos!, ¿dónde os llevaré para que no os acabéis de perder?' "

La tradición es muy antigua, realmente no se sabe dónde se inicia, pero persistía a la llegada de los conquistadores españoles y tomada ya la ciudad azteca por ellos y muerta años después doña Marina, o sea la Malinche, contaban que ésta era La Llorona, la cual venía a penar del otro mundo por haber traicionado a los indios de su raza, ayudando a los extranjeros para que los sojuzgasen.

"La Llorona —cuenta D. José María Roa Bárcena—, era a veces una joven enamorada, que había muerto en vísperas de casarse y traía al novio la corona de rosas blancas que no llegó a ceñirse; era otras veces la viuda que venía a llorar a sus tiernos huérfanos; ya la esposa muerta en ausencia del marido a quien venía a traer el ósculo de despedida que no pudo darle en su agonía; ya la desgraciada mujer, vilmente asesinada por el celoso cónyuge, que se aparecía para lamentar su fin desgraciado y protestar su inocencia."

Poco a poco, al través de los tiempos la vieja tradición de La Llorona ha ido, como decíamos, borrándose del recuerdo popular. Sólo queda memoria de ella en los fastos mitológicos de los aztecas, en las páginas de antiguas crónicas, en los pueblitos lejanos, o en los labios de las abuelitas, que intentan asustar a sus nietos con historias de miedo, como la de La Llorona. Así cuenta la leyenda...

Salvador

El Callejón del Muerto

Cuenta la leyenda que corría el año de 1600 y a la capital de la Nueva España continuaban llegando mercaderes, aventureros y no pocos malechores, personas corruptas que venían al Nuevo Mundo con el fin de enriquecerse como lo habían hecho los conquistadores. Uno de esos hombres que llegaba a la capital de la Nueva España con el fin de dedicarse al comercio, fue don Carlos de Alvarado, que tenía un negocio de víveres y géneros en las Islas Filipinas, pero ya por falta de buen negocio o por querer abrirle buen camino en la capital de la Nueva España a su hijo, del mismo nombre, arribó cierto día de aquél año a la ciudad.

Después de recorrer algunos barrios de la antigua Tenochtitlán, don Carlos de Alvarado se fue a radicar en una casa modesta, allá por el rumbo de Tlaltelolco y allí mismo instaló su tienda que atendía con la ayuda de su hijo, un recio mozo de buen talante y alegre carácter.

Tenía don Carlos de Alvarado a un buen amigo y consejero, en la persona de su ilustrísima, el Arzobispo Fray García de Santa María Mendoza, quien solía visitarlo en su comercio para conversar de las cosas de Las Filipinas y de España, pues eran nacidos en el mismo pueblo. Allí platicaban al sabor de un buen vino y de los relatos que de las islas del Pacífico contaba el comerciante.

Todo iba viento en popa en el comercio que don Carlos decidió ampliar y darle variedad a su negocio, para lo cual envió a su joven hijo a la Villa Rica de la Vera Cruz y a las costas de la región de más al sureste.

Quiso la mala suerte que enfermara el hijo de don Carlos y llegara a tal grado su enfermedad que se temió por su vida. Así lo dijeron los mensajeros que informaron, que era imposible trasladar al enfermo en el estado en que se hallaba y que sería cosa de medicinas adecuadas y de un milagro, para que el joven enfermo se salvara.

Lleno de dolor por la enfermedad de su hijo y temiendo que muriese, don Carlos de Alvarado se arrodilló ante la imagen de la Virgen y prometió ir caminando hasta el santuario del cerrito, si su hijo se aliviaba y podía regresar a su lado.

Semanas más tarde el muchacho entraba a la casa de su padre, pálido, convaleciente, pero vivo, y su padre feliz, lo estrechó entre sus brazos.

Vinieron tiempos de bonanza, el comercio caminaba con la atención esmerada de padre e hijo y con esto, don Carlos se olvidó de su promesa, aunque de cuando en cuando, sobre todo por las noches en que contaba y recontaba sus ganancias, una especie de remordimiento le invadía el alma al recordar la promesa hecha a la Virgen.

Al fin un día envolvió cuidadosamente un par de botellas de buen vino y se fue a visitar a su amigo y consejero el Arzobispo Fray García de Santa María Mendoza, para hablarle de sus remordimientos, de la falta de cumplimiento a la promesa hecha a la Virgen, de lo que sería conveniente hacer, ya que de todos modos le había dado las gracias a la Virgen rezando por el alivio de su vástago.

—Bastará con eso —dijo el sacerdote—. Si habéis rezado a la Virgen dándole las gracias, pienso que no hay necesidad de cumplir lo prometido.

Don Carlos de Alvarado salió de la casa arzobispal muy complacido, volvió a su casa, al trabajo y al olvido de aquella promesa de la cual lo había relevado el Arzobispo.

Pero cierto día, apenas despuntó el sol, el Arzobispo Fray García de Santana María Mendoza iba por la calle de La Misericordia, cuando se topó a su viejo amigo don Carlos de Alvarado, que pálido, ojeroso, cadavérico y con una túnica blanca que lo envolvía, caminaba rezando con una vela encendida en la mano derecha, mientras su enflaquecida mano izquierda descansaba sobre su pecho.

El Arzobispo le reconoció enseguida, y aunque estaba más pálido y delgado que la última vez que se habían visto, se acercó para preguntarle:

—¿A dónde vas a estas horas, amigo Alvarado?

—A cumplir con la promesa de ir a darle gracias a la Virgen —respondió con voz cascada, hueca y tenebrosa, don Carlos de Alvarado.

No dijo más y el prelado lo miró extrañado de pagar la manda, aun cuando él lo había relevado de tal obligación.

Esa noche el Arzobispo decidió ir a visitar a su amigo, para pedirle que le explicara el motivo por el cual había decidido ir a pagar la manda hasta el santuario de la Virgen en el lejano cerrito y lo encontró tendido, muerto, acostado entre cuatro cirios, mientras su joven hijo Carlos lloraba ante el cadáver con gran pena.

Con mucho asombro el prelado vio que el sudario con que habían envuelto al muerto, era idéntico al que le viera vestir esa mañana y que la vela que sostenían sus agarrotados dedos, también era la misma.

—Mi padre murió al amanecer —dijo el hijo entre lloros y gemidos dolorosos—, pero antes dijo que debía pagar no sé qué promesa a la Virgen.

Esto acabó de comprobar al Arzobispo, que don Carlos de Alvarado ya había muerto cuando dijo haberlo encontrado por la calle de La Misericordia.

En el ánimo del sacerdote se encendió la llama de la duda, y la culpa de que aquella alma hubiese vuelto al mundo para pagar una promesa que él le había dicho que no era necesario cumplir.

Así pasaron los años...

Carlos, el hijo de aquel próspero comerciante llegado de las Filipinas, se casó y se marchó de la Nueva España, hacia la Nueva Galicia. Pero el alma de su padre continuó hasta terminado el siglo, deambulando con una vela encendida, cubierto con el sudario amarillento y carcomido.

Desde aquél entonces, la gente llamó a la calle de esta historia, El Callejón del Muerto, es la misma que andando el tiempo fuera bautizada como calle de la República Dominicana.

La Mulata de Córdoba

Cuenta la tradición que hace más de dos siglos, y en la poética ciudad de Córdoba, vivió una célebre mujer, una joven que nunca envejecía a pesar de sus años. Nadie sabía hija de quién era, pero todos la llamaban la Mulata.

En el sentir de la mayoría, la Mulata era una bruja, una hechicera que había hecho pacto con el diablo, quien la visitaba todas las noches, pues muchos vecinos aseguraban que al pasar a las doce por su casa, habían visto que por las rendijas de las ventanas y de las puertas salía una luz siniestra, como si por dentro un poderoso incendio devorara aquella habitación.

Otros decían que la habían visto volar por los tejados en forma de mujer, pero despidiendo por sus negros ojos miradas satánicas y sonriendo diabólicamente con sus labios rojos y sus dientes blanquísimos.

De ella se referían prodigios.

Cuando apareció en la ciudad, los jóvenes, prendados de su hermosura, se disputaban la conquista de su corazón.

Pero a nadie correspondía, a todos desdeñaba, y de ahí nació la creencia de que el único dueño de sus encantos, era el señor de las tinieblas.

Empero, aquella mujer siempre joven, frecuentaba los sacramentos, asistía a misa, hacía caridades, y todo aquel que imploraba su auxilio la tenía a su lado, en el umbral de la choza del pobre, lo mismo que junto al lecho del moribundo.

Se decía que en todas partes estaba en distintos puntos y a la misma hora, y llegó a saberse que un día se la vio a un tiempo en Córdoba y en México, "Tenía el don de ubicuidad" —dice un escritor— y lo más común era encontrarla en una caverna. "Pero éste —añade— la visitó en una accesoria; aquél la vio en una de esas casuchas horrorosas que tan mala fama tienen en los barrios más inmundos de las ciudades, y otro la conoció en un modesto cuarto de vecindad, sencillamente vestida, con aire vulgar, maneras desembarazadas, y sin revelar el mágico poder de que estaba dotada."

La hechicera servía también como abogada de imposibles. Las muchachas sin novio, las jamonas pasaditas, que iban perdiendo la esperanza de hallar marido, los empleados cesantes, las

19

damas que ambicionaban competir en túnicas y joyas con la Virreina, los militares retirados, los médicos jóvenes sin fortuna, todos acudían a ella, todos invocaban en sus cuitas, y a todos los dejaba contentos, hartos y satisfechos.

La fama de aquella mujer era grande, inmensa. Por todas partes se hablaba de ella y en diferentes lugares de Nueva España su nombre era repetido de boca en boca.

"Era en suma —dice el mismo escritor— una Circe, una Medea, una Pitonisa, una Sibila, una bruja, un ser extraordinario a quien nada había oculto, a quien todo obedecía y cuyo poder alcanzaba hasta trastornar las leyes de la naturaleza... Era, en fin, una mujer a quien hubiera colocado la antigüedad entre sus diosas, o a lo menos entre sus más veneradas sacerdotisas; era un médium, y de los más privilegiados, de los más favorecidos que disfrutó la escuela espiritista de aquella época... ¡Lástima grande que no viviera en la nuestra! ¡De qué portentos no fuéramos testigos! ¡Qué revelaciones no haría en su tiempo! ¡Cuántas evocaciones, cuántos espíritus no vendrían sumisos a su voz! ¡Cuántos incrédulos dejarían de serlo!"

¿Qué tiempo duró la fama de aquella mujer, verdadero prodigio de su época y admiración de los futuros siglos? Nadie lo sabe.

Lo que sí se asegura es que un día la ciudad de México supo que desde la villa de Córdoba había sido traída a las sombrías cárceles del Santo Oficio.

Noticia tan estupenda, escapada Dios sabe cómo de los impenetrables secretos de la Inquisición, fue causa de atención profunda en todas las clases de la sociedad, y entre los chismosos de las tiendas de los portales, se habló mucho de aquel suceso y hasta hubo un atrevido que sostuvo que la Mulata, no era hechicera, ni bruja, ni cosa parecida, y que el haber caído en garras del Santo Tribunal, lo debía a una inmensa fortuna, consistente en diez grandes barriles de barro, llenos de polvo de oro. Otro de los tertulianos aseguró que además de esto se hallaba de por medio un amante desairado, que ciego de despecho, denunció en Córdoba a la Mulata, porque ésta no había correspondido a sus amores.

Pasaron los años, las hablillas se olvidaron, hasta que otro día de nuevo supo la ciudad, con asombro, que en el próximo auto de fe que se preparaba, la hechicera, saldría con coroza y vela verde. Pero el asombro creció de punto cuando pasados algunos días se dijo que el pájaro había volado hasta Manila, burlando la vigilancia de sus carceleros..., más bien dicho, saliéndose delante de uno de ellos.

¿Cómo había sucedido esto? ¿Qué poder tenía aquella mujer, para dejar así con un palmo de narices, a los muy respetables señores inquisidores?

Todos lo ignoraban. Las más extrañas y absurdas explicaciones circularon por la ciudad. Hubo quien afirmaba, haciendo la señal de la cruz, que todo era obra del mismo diablo, que de incógnito se había introducido a las cárceles secretas para salvar a la Mulata. ¿Quién recordaba aquello de que dádivas quebrantan... rejas?; y hubo algún malicioso que dijese que todo lo vence el amor... y que los del Santo Oficio, como mortales, eran también de carne y hueso.

He aquí la verdad de los hechos.

Una vez, el carcelero penetró en el inmundo calabozo de la hechicera, y quedóse verdaderamente maravillado al contemplar en una de las paredes, un navío dibujado con carbón por la Mulata, la cual le preguntó con tono irónico:

—¿Qué le falta a ese navío?

—Desgraciada mujer —contestó el interrogado—, ¡si quisieras salvar tu alma de las horribles penas del infierno, no estarías aquí, y ahorrarías al Santo Oficio el que te juzgase! ¡A este barco únicamente le falta que navegue! ¡Es perfecto!

—Pues si vuestra merced lo quiere, si en ello se empeña, navegará, navegará y muy lejos...

—¿Cómo? ¡A ver!

—Así —dijo la Mulata, y ligera saltó al navío, y éste, lento al principio, y después rápido y a toda vela, desapareció con la hermosa mujer por uno de los rincones del calabozo.

El carcelero, mudo, inmóvil, con los ojos salidos de sus órbitas, con el cabello de punta, y con la boca abierta, vio aquello sorprendido.

¿Y después?

Cuenta un poeta:

Cuenta la tradición, que algunos años
después de estos sucesos, hubo un hombre,
en la casa de locos, detenido,
y que hablaba de un barco que una noche
bajo el suelo de México, cruzaba
llevando una mujer de altivo porte.
Era el inquisidor. De la Mulata
nada volvió a saber, mas se supone
que en poder del demonio está gimiendo.
¡Déjenla entre las llamas los lectores!

Salvador

La Planchada

Esta leyenda fue de las más populares del siglo XX, también es conocida como "La Enfermera Visitante", evoca muchas narraciones misteriosas ocurridas en el Hospital Juárez, el Centro Médico, además de clínicas y centros de salud de la ciudad de México y sus alrededores.

Una de las versiones de cómo ocurrieron los hechos que dieron origen a la leyenda, narra que una enfermera de nombre María entró a formar parte del personal de un hospital civil, y en poco tiempo se ganó la simpatía y el afecto del personal médico y administrativo.

La joven enfermera era de buena presencia, y vestía su ropa siempre con una blancura impecable, y muy bien almidonada y planchada.

Era entregada a su vocación por atender a los pacientes, en una ocasión el director del hospital llamó al personal porque iba a presentar a un médico de nuevo ingreso, sin embargo, ella no acudió al llamado porque se encontraba atendiendo a un paciente.

El médico recién llegado se llamaba Joaquín, era joven y recién egresado, y después de un corto tiempo en el hospital se rumoraba que era orgulloso y envanecido. Cierto día se le encomendó a la enfermera María que auxiliara al doctor Joaquín, quien iba a extraer una bala a un paciente que llegaba de urgencia.

Dicen que María quedó impactada al conocer al doctor Joaquín, y que después de colaborar con el mencionado médico no dejaba de hablar de sus ojos y de lo bien parecido que era. A pesar de que muchas personas le recomendaron que no se enamorara del galeno, en poco tiempo se hicieron novios, aunque la relación no era equitativa: ella le entregaba todo su amor y él era fanfarrón, y coqueteaba con otras enfermeras.

Pasaron meses e incluso más de un año, y el doctor Joaquín le dijo que se casarían. Ella se emocionó mucho y comenzó a ilusionarse con la boda.

Un día, él le pidió que le guardara un traje de etiqueta porque iba a ir a una elegante recepción al día siguiente. Ella accedió, y así al otro día él la visitó en su casa, donde se cambió y al terminar conversaron un rato. Le comentó María que había olvidado mencionarle que a la mañana siguiente iba a salir temprano de viaje, pues tenía un seminario al norte del país que duraría 15 días.

A la enfermera María le extrañó un poco que no le hubiera mencionado nada Joaquín acerca del viaje con anterioridad, pero le deseó buen viaje y se despidió de él.

A la semana, ella ya lo extrañaba mucho, y un enfermero del hospital conversó con ella y le confesó que tenía interés de que ella lo acompañara a una fiesta, pero ella le dijo que no podía hacerlo, pues estaba comprometida con el doctor Joaquín, a lo que él le respondió que cómo iban a estar comprometidos si él se acababa de casar y estaba en su viaje de bodas, además que había renunciado a su trabajo y se iba de la ciudad.

La enfermera María no pudo evitar sumirse en una profunda depresión por el engaño del que había sido víctima. Dicen que comenzó a llegar tarde al trabajo, descuidó a algunos enfermos, e incluso hay quienes mencionan que se le llegaron a morir por su desatención.

Pasó el tiempo, y ella cayó en cama por una enfermedad que la llevó más tarde a la tumba, en el mismo hospital donde trabajaba.

Después de un tiempo, comenzaron a suceder hechos extraños, como el de que una mañana un paciente que estaba grave amaneció muy bien, y le dijo a la enfermera en turno:

—Gracias por sus cuidados, la medicina que me dio me mejoró mucho.

Sin embargo, la enfermera no había ido en la madrugada.

En otra ocasión, una paciente también mencionó que una enfermera vestida con ropa muy bien almidonada había ido durante la noche a darle unas pastillas.

Así comenzaron a ser comunes las narraciones de las visitas de la fantasmal enfermera a quien llamaron desde entonces "La Planchada". El personal del hospital se familiarizó con las apariciones de María, quien en las noches circulaba por los pasillos, entraba a los cuartos, y nadie duda que hasta haya sido auxiliar en alguna de las cirugías.

El día de hoy todavía sigue escuchándose de vez en cuando que alguien comenta sobre una visita de la enfermera, con su vestido largo, blanco y perfectamente almidonado, y esto no ha sido sólo en el Hospital Juárez, sino también en otros nosocomios de la ciudad de México.

Salvador

La Calle de la Mujer Herrada

Por los años de 1670 a 1680, vivía en esta ciudad de México y en la casa número 3 de la calle de la Puerta Falsa de Santo Domingo, ahora número 100, calle atravesada entonces de oriente a poniente por una acequia; vivía, digo, un clérigo eclesiástico, mas no honesta y honradamente como Dios manda, sino en incontinencia con una mala mujer y como si fuera legítima esposa. No muy lejos de allí pero tampoco muy cerca, en la calle de las Rejas de Balbanera, bajos de la ex-Universidad, había una casa que hoy está reedificada, la cual antiguamente se llamó Casa del Pujavante, porque tenía sobre la puerta "esculpido en la cantería un pujavante y tenazas cruzadas", que decían ser "memoria" del siguiente sobrenatural caso histórico que el incrédulo lector quizá tendrá sin duda por conseja popular.

En esta casa habitaba y tenía su banco un antiguo herrador, grande amigo del clérigo amancebado, además, compadre suyo, quien estaba al tanto de aquella mala vida, y como frecuentaba la casa y tenía con él mucha confianza, repetidas ocasiones exhortó a su compadre y le dio consejos sanos para que abandonase la senda torcida a que le había conducido su ceguedad.

Vanos fueron los consejos, estériles las exhortaciones del "buen herrador" para con su "errado compadre", que cuando el demonio tornase en travieso amor, la amistad es impotente para vencer tan satánico enemigo.

Cierta noche en que el buen herrador estaba ya dormido, oyó llamar a la puerta del taller con grandes y descomunales golpes, que le hicieron despertar y levantarse más que de prisa.

Salió a ver quién era, perezoso por lo avanzado de la hora, pero a la vez alarmado por temor de que fuesen ladrones, y se halló con que los que llamaban eran dos negros que conducían una mula y un recado de su compadre el clérigo, suplicándole le herrase inmediatamente la bestia, pues muy temprano tenía que ir al Santuario de la Virgen de Guadalupe.

Reconoció en efecto la cabalgadura que solía usar su compadre, y aunque de mal talante por la incomodidad de la hora, aprestó los chismes del oficio, y clavó cuatro sendas herraduras en las cuatro patas del animal.

Concluida la tarea, los negros se llevaron la mula, pero dándole tan crueles y repetidos golpes, que el cristiano herrador les reprendió agriamente su poco caritativo proceder.

Muy de mañana, al día siguiente, se presentó el herrador en casa de su compadre para informarse del por qué iría tan temprano a visitar el Santuario de la Virgen de Guadalupe, como le habían informado los negros, y halló al clérigo aún recogido en la cama al lado de su manceba.

—Lucidos estamos, señor compadre —le dijo—; despertarme tan de noche para herrar una mula, y todavía tiene vuestra merced tirantes las piernas debajo de las sábanas, ¿qué sucede con el viaje?

—Ni he mandado herrar mi mula, ni pienso hacer viaje alguno —replicó el aludido.

Claras y prontas explicaciones mediaron entre los dos amigos, y al fin de cuentas convinieron en que algún travieso había querido correr aquel chasco al bueno del herrador, y para celebrar toda la chanza, el clérigo comenzó a despertar a la mujer con quien vivía.

Una y dos veces la llamó por su nombre, y la mujer no respondió, una y dos veces movió su cuerpo y estaba rígido. No se notaba en ella respiración, había muerto.

Los dos compadres se contemplaron mudos de espanto, pero su asombro fue inmenso cuando vieron horrorizados, que en cada una de las manos y en cada uno de los pies de aquella desgraciada, se hallaban las mismas herraduras con los mismos clavos que había puesto a la mula el buen herrador.

Ambos se convencieron, repuestos de su asombro, que todo aquello era efecto de la Divina Justicia, y que los negros habían sido los demonios salidos del infierno.

Inmediatamente avisaron al cura de la Parroquia de Santa Catarina, don Francisco Antonio Ortiz, y al volver con él a la casa, hallaron en ella al padre don José Vidal y a un religioso carmelita, que también habían sido llamados, y mirando con atención a la difunta vieron que tenía un freno en la boca y las señales de los golpes que le dieron los demonios cuando la llevaron a herrar con aspecto de mula.

Ante caso tan estupendo y por acuerdo de los tres respetables testigos, se resolvió hacer un hoyo en la misma casa para enterrar a la mujer, y una vez ejecutada la inhumación, guardar el más profundo secreto entre los presentes.

Cuentan las crónicas que ese mismo día, temblando de miedo y protestando cambiar de vida, salió de la casa número 3 de la calle de la Puerta Falsa de Santo Domingo, el clérigo protagonista de esta verídica historia, sin que nadie después volviera a tener noticia de su paradero. Que el cura de Santa Catarina, "andaba movido a entrar en religión, y con este caso, acabó de resolverse y entró a la Compañía de Jesús, donde vivió hasta la edad de 84 años, y fue muy estimado por sus virtudes, y refería este caso con asombro". Que el padre don José Vidal murió en 1702, en el Colegio de San Pedro y San Pablo de México, a la edad de 72 años, después de asombrar con su ejemplar vida y de haber introducido el culto de la Virgen, bajo la advocación de los Dolores, en todo el reino de la Nueva España.

Sólo callan las viejas crónicas el fin del padre carmelita, testigo ocular del suceso, y del bueno del herrador, que Dios tenga en su santa gloria.

Salvador

La Calle del Indio Triste

Las calles que llevaron los nombres de 1ª y 2ª del Indio Triste (ahora 1ª y 2ª del Correo Mayor y 1ª del Carmen), recuerdan una antigua tradición que un viejo vecino de dichas calles refería con todos sus puntos y comas, y aseguraba y protestaba "ser cierta y verdadera", pues a él se la había contado su buen padre, y a éste sus abuelos, de quienes se había ido transmitiendo de generación en generación, hasta el año de 1840, en que la puso en letras de molde el Conde de la Cortina.

Contaba aquel buen vecino que, a raíz de la Conquista, el gobierno español se propuso proteger a los indios nobles, supervivientes de la vieja estirpe azteca; unos habían caído prisioneros en la guerra, y otros que voluntariamente se presentaron, con el objeto de servir a los castellanos alegando que habían sido víctimas de la dura tiranía en que los tuviera durante mucho tiempo el llamado Emperador Moctecuhzoma II o Xocoyotzin.

Pero hay que advertir que esta protección dispensada a esos indios nobles, no era la protección abnegada que les habían prodigado los santos misioneros, sino el interés de los primeros gobernadores, de las primeras audiencias y de los primeros virreyes de la Nueva España, que utilizaban a esos indios como espías para que, en el caso de que los naturales intentasen levantarse en contra de los españoles, inmediatamente éstos lo supiesen y sofocaran el fuego de la conjura y así evitar cualquier levantamiento.

Cuenta pues la tradición citada, que en una de las casas de la calle que hoy se nombra 1ª del Carmen, quizá la que hace esquina con la calle de Guatemala, antes de Santa Teresa, vivía allá a mediados del siglo XVI uno de aquellos indios nobles que, a cambio de su espionaje y servilismo, recibía los favores de sus nuevos amos; y este indio a que alude la tradición, era muy privado del virrey que entonces gobernaba la Colonia.

El tal indio poseía casas suntuosas en la ciudad, sementeras en los campos, ganados y aves de corral. Tenía joyas que había heredado de sus antecesores; discos de oro, que semejaban soles o lunas, anillos, brazaletes, collares de verdes chalchihuites; bezotes de negra obsidiana; capas y fajas de finísimo algodón o de riquísimas plumas; cacles de cuero admirablemente adobado o de pita tejida con exquisito gusto; esteras o petates de finas palmas, teñidas con diversos colores; cómodos *icpallis* o sillones, forrados con pieles de tigres, leopardos o venados. En una palabra, poseía aquel indio todo lo que constituía para él y los suyos un tesoro de riquezas y obras de arte.

El indio, aunque había recibido las aguas bautismales y se confesaba, comulgaba, oía misa y sermones con toda devoción y acatamiento, como todos los de su raza era socarrón y taimado, y en el interior de su casa, en el aposento más apartado, tenía un *santocalli* privado, a modo de oratorio particular, con imágenes cristianas, para rendir culto a muchos idolillos de oro y piedra que eran efigies de los dioses que más veneraba en su gentilidad.

Y así como practicaba piadosos cultos cristianos con el fin de engañar con sus fingimientos a los benditos frailes, así también engañaba llevando la vida disipada de un príncipe destronado, sumido sin tasa en la molicie de los placeres carnales que le prodigaban sus muchas mancebas, o entregado a los vicios de la gula y de la embriaguez, hartándose de manjares picantes e indigestos y ahogándose con sendas jícaras y jarros de pulque fermentado con yerbas olorosas y estimulantes o con frutas dulces y sabrosas.

El indio aquel acabó por embrutecerse. Volvióse supersticioso, en tal extremo, que vivía atormentado por el temor de las iras de sus dioses y por el miedo que le inspiraba el diablo, que veía pintado en los retablos de las iglesias, a los pies del Príncipe de los Arcángeles.

Salvador

El Señor del Veneno

Tradición de la calle de Porta Coeli. Se llama ahora 6ª de Capuchinas.

Muy madrugador era don Fermín Andueza; no sufría que la mañana se levantase primero que él, antes que asomara la luz ya estaba velando, y apenas esclarecía, echábase a la calle envuelto en su negra capa. De entre los pliegues emergía la noble cabeza del caballero, tocada con sombrero de gran falda a la chamberga, y sobre el embozo resaltaba la blancura de una mano larga y pulida con sortija de oro, en la que un diamante fulguraba vivas luces. Con gran devoción oía la misa, tornaba lentamente a su casa, pero tanto al entrar como al salir del templo, se detenía frente al crucifijo de gran talla, cuya amarillenta blancura resaltaba entre los oros de un altar plateresco.

Pendía el lacerado Cristo de la cruz, flojo, lacio, presas las finas manos por los crudelísimos clavos; de ella colgaba el cuerpo sostenido sobre el que traspasaba los pies, ya desgarrados en una herida roja, ancha y luenga, abierta hasta arriba del empeine, la cabeza grácil de delicado y doliente perfil, hallábase derribada sobre el pecho.

El caballero, lleno de humildad, le ofrecía el incienso de su oración, y tras esa plegaria se alzaba e iba a besar los pies, rojos y negros de sangre coagulada, y ponía unas monedas de oro en el plato petitorio. Invariablemente, día a día hacía esto don Fermín Andueza.

Rico era este señor; poseía heredades, buenas casas, pero eran más crecidas las riquezas que había en su alma. De ella manaba toda excelencia. Encerrábanse en su ser todas cuantas bondades hay. Usaba de piedad con el pobre y dábale la mano y le ofrecía sus servicios con toda voluntad. Iba aliviando trabajo y necesidades con sus generosos beneficios. Quitaba el hambre y daba hartura.

Celos tenía a este señor el rico don Ismael Treviño, quien a nadie daba nada de lo suyo, desconocía el íntimo goce de hacer beneficios. Era de esos seres a quienes pesa el bien ajeno, que se alegran de ver caído al prójimo y se entristecen de mirarlo ensalzado. En el corazón le entró a don Ismael una polilla de envidia, con la que se estaba carcomiendo a solas. Por dondequiera hablaba mal de don Fermín Andueza. Si delante de él decían un elogio, algún cumplido loor a don Fermín, se ponía amarillo y miraba con semblante amargo...

Este don Ismael Treviño era de esos que con aguda vista ven los males extraños, pero no los suyos, pues siempre traía sus apetitos alterados con más olas que el mar océano. Se tragaba el camello y se ahogaba con el mosquito.

Pero ese odio, ¿de dónde vino? ¿De dónde salió a don Tomás Treviño esa envidia que le traía recocidas las entrañas, herido el corazón?... Los celos lo atizaban cada hora, y así no sabía sino morder y acusar. Y con esa pasión desmesurada le cegó el entendimiento sin dejarle luz de razón. ...Y así le empezó a impedir con mil estorbos sus negocios, pero no parecía sino que eran impulsos que les daba, porque le salían mejor a don Fermín, con grandes ganancias. Entonces su envidia la cambió por odio y empezó a abrasarse el alma con infernal aborrecimiento. Esta abominación le dijo un día que lo matara, y se quedó saboreando con deleite ese consejo, que venía del diablo.

Después de meditar ese aviso y aprobarlo, caviló mucho cómo quitarle la vida: si con puñal, si con pelota de plomo, si con veneno. Su naturaleza cobarde rechazó daga y pistolete, porque aunque podía alquilar un brazo ejecutor, temió que lo sujetara al fin la justicia y que luego lo señalase; así es que se decidió por la ponzoña, con la que de lejos se operaba y con menos riesgo. Buscó y halló a un hombre que le puso en una redoma una cierta agua de lindo color azul, que no daba la muerte en el acto, sino que poco a poco se derramaba y distribuía por todo el cuerpo, y al fin, después de días, apagaba la existencia suavemente sin dolores...

Bañó con ese líquido un gran pastel de hojaldre que, muy caliente y dorado, envió a don Fermín, mandándole decir que era obsequio de su amigo, el regidor perpetuo del Ayuntamiento, que lo gozase en el desayuno, acompañado de su fragante tazón de chocolate. Y así lo hizo complacidísimo don Fermín.

Don Ismael, curioso de ver qué efectos le había ocasionado el líquido, se puso a seguirlo cuando, por la mañana, salió de su casa para ir a Porta Coeli, lento, erguido, majestuoso, y saludando a todos los que encontraba por su camino con afable sencillez, en la iglesia de donde salió a recibirlo un suave olor de cera y de incienso, se acercó luego al Santo Cristo, dijo devotamente las oraciones que tenía por costumbre y fue a adorar después con gran reverencia los pies ensangrentados, pero apenas puso en ellos los labios, en el acto se oscurecieron más, y la ola negra empezó a subir rápidamente por todo el cuerpo hasta quedar como si estuviese tallada en ébano. Muchos devotos que rezaban ante el Cristo, contemplaron aquella negrura profunda que invadía el cuerpo y empezaron a dar voces de asombro al mirarlo todo prieto, cuando hacía pocos instantes que era de una marfileña blancura.

Don Fermín quedó pasmado. ¿Qué tendría, dijo, que al contacto de sus labios se puso negro el Santo Cristo?

Don Ismael Treviño, en un gran impulso cortó el rencor del alma, fue a dar a los pies del generoso caballero y le confesó a gritos que lo había querido emponzoñar y que Cristo, como una esponja generosa, absorbió el veneno que llevaba ya por el cuerpo, librándolo así de una muerte cierta, segura.

Don Fermín le dijo, con delicadas y tiernas palabras, que lo perdonaba, y para darle buenas pruebas de ello lo abrazó con muy efusivo cariño, como si fuera ese hombre malvado un hermano ausente y querido a quien no hubiese visto en mucho tiempo.

Varias personas de las allí presentes se llenaron de furor y quisieron aprehenderlo, llevarlo a la cárcel, pero don Fermín, les rogó con encarecidas palabras que lo dejasen ir en paz, porque él ya había olvidado el agravio, y que sólo les pedía que se arrodillaran a dar gracias al Cristo.

Don Ismael Treviño salió de Porta Coeli pálido, cabizbajo, lento... Ese mismo día abandonó la ciudad y nadie volvió a saber de él. Como se extendió la noticia por todo México de aquel raro acontecimiento, tanto don Fermín de Andueza como los innumerables beneficiados por su generosidad, le llevaban a diario velas de ofrenda al Santo Cristo negro; cierta tarde cayó una vela y la santa imagen se abrasó en fuego y a poco estaba hecha llama. Ardió toda y se volvió pavesas, tiempo después fue reemplazado con otro Cristo, también negro, es el que ahora conocemos ya en un altar de la catedral, lleno de exvotos de plata y de oro.

La Calle de Chavarría

Cuenta la leyenda que una noche lúgubre, según las crónicas de nuestras antiguallas, fue la del 11 de diciembre de 1676 para los buenos habitantes de la Muy Noble y Leal Ciudad de México, pues a las siete, estándose celebrando el aniversario de la aparición de la Virgen de Guadalupe en la Iglesia de San Agustín, se incendió ésta, comenzando por la plomada del reloj.

¡Considérese la consternación y el espanto de aquellas benditas y devotas gentes al ver que el fuego devoraba un templo tan antiguo y tan suntuoso! ¡Considérese la imposibilidad de contener tan voraz elemento en aquellos remotos tiempos, en que las bombas eran desconocidas, en que las llaves de agua sólo servían para satisfacer la sed, y en los que para sofocar el fuego se acudía al derrumbe y a la presencia de las imágenes, y de las comunidades que llevaban cartas fingidas de los santos fundadores, en las que éstos simulaban desde el cielo mandar que cesara el incendio!

¡Qué noche! La gente salía en tropel de la iglesia, empujada por el terror, sofocada por el humo, iluminada por las llamas. Los frailes agustinos por su parte abandonaban el convento temerosos de que el fuego devorase las celdas. En pocos instantes la calle estaba completamente llena de una multitud abigarrada, que con los ojos abiertos y casi salidos de sus órbitas por el terror, veía impotente que el fuego lamía, se enroscaba y devoraba impetuoso al templo.

La multitud, repito, era heterogénea: los curiosos, los devotos que habían quedado, los agustinos, las órdenes de otros conventos, que habían acudido con sus Santos Estandartes y cartas de sus patronos, los regidores de la ciudad, los oidores y el Virrey Arzobispo don Fray Payo Enríquez de Rivera, que personalmente tomaba parte activa dictando cuantas medidas juzgaba conducentes, para que el fuego no se comunicara al convento y cuadras circunvecinas, como lo consiguió.

Pero cuando era mayor la confusión en el incendio; cuando la gente apiñada frente a la ancha puerta de la iglesia, veía salir de ésta lenguas colosales de fuego, gigantescas columnas de humo, infinidad de chispas que arrebataba el viento; cuando el calor sofocante, exhalado como el aliento de un monstruo, brotaba de aquella puerta y se comunicaba hasta la acera de enfrente, haciendo reventar los cristales de las vidrieras de las casas; la multitud presenció una escena que a todos hizo por lo pronto enmudecer de espanto...

Un hombre como de cincuenta y ocho años de edad, pero fuerte y robusto, que vestía el traje de capitán y ceñía espadín al cinto, se abrió paso con esfuerzo entre la multitud, y solo, sin que nadie se diera cuenta de lo que iba a hacer, penetró en la iglesia cuyos muros estaban ennegrecidos por el humo; subió impasible las gradas del altar mayor; trepó con agilidad sobre la mesa del ara; alzó el brazo derecho y con fuerte mano tomó la custodia del Divinísimo, rodeada en esos instantes de un nuevo resplandor, el resplandor espantoso del incendio, y con la misma rapidez que había penetrado al templo y subido al altar, bajó y salió a la calle, sudoroso, casi ahogado, aunque lleno de piadoso orgullo, empuñando con su diestra la hermosa custodia, a cuyos pies cayó de rodillas, muda y llena de unción, la multitud atónita...

Pasó el tiempo. De aquel incendio que destruyó la vieja Iglesia de San Agustín en menos de dos horas, pero cuyo fuego duró tres días, sólo se conservó el recuerdo en las mentes asustadas de los que tuvieron la desgracia de presenciarlo. Sin embargo, al reedificarse una de las casas de la acera que ve al norte de la calle que entonces se llamaba de los Donceles, situada entre las que llevaban los nombre de Monte Alegre y Plaza de Loreto, los buenos vecinos de la muy noble ciudad de México contemplaron sobre la cornisa de la casa nueva un nicho, no la escultura de algún santo como era entonces costumbre colocar, sino un brazo de piedra en alto relieve, cuya mano empuñaba una custodia también de piedra...

La casa aquella, que con ligeras modificaciones se conserva aún en pie en nuestros tiempos, fue del capitán D. Juan de Chavarría, uno de los más ricos y más piadosos vecinos de la ciudad de México, que había salvado a la custodia del Divinísimo en la lúgubre noche del 11 de diciembre de 1676.

¿Quién le concedió la gracia de ostentar aquel emblema de su cristiandad en el nicho de la parte superior de su casa? ¿Fue el rey a cuyos oídos llegó el suceso, el Virrey-Arzobispo que lo presenció, o él tuvo tal idea como satisfecho de haber cumplido un acto edificante? Ningún manuscrito ni libro impreso lo dice. La antigua tradición sólo refiere el episodio del incendio, y lo que sí consta de todo punto es que la casa número 4 de Chavarría, ahora 2ª del Maestro Justo Sierra, fue en la que habitó durante el siglo XVII aquel varón acaudalado y piadoso.

Pocas noticias biográficas tenemos acerca del capitán D. Juan de Chavarría. Nació en México y se le bautizó en el Sagrario, el 4 de junio de 1618. Se casó con doña Luisa de Vivero y Peredo, hija de D. Luis de Vivero, 2° Conde del Valle de Orizaba, y de doña Graciana Peredo y Acuña, de cuyo matrimonio tuvo Chavarría tres hijos.

Fue hombre muy religioso y gran limosnero. A sus cuidados se reedificó la Iglesia de San Lorenzo, de la cual fue patrón, y en la tarde del 26 de diciembre de 1652, en ella se le dio el hábito de Santiago, ante lucida concurrencia y con asistencia del virrey.

Don Juan de Chavarría murió en México y en su mencionada casa, el 29 de noviembre de 1682, legando una fortuna de unos 500,000 pesos, y como a patrono que era de San Lorenzo, sobre su sepulcro se le erigió una estatua de piedra, que lo representaba hincado de rodillas sobre un cojín y en actitud devota.

Hoy ya no existe el monumento sepulcral levantando a su memoria. Su buena fama dio nombre a una calle, y el símbolo de su piedad se conserva en el antiguo nicho de la vieja casa de su morada.

Salvador

El Fantasma de la Monja

Cuando existieron personajes en esa época colonial inolvidable, cuando tenemos a la mano antiguos testimonios y se barajan nombres auténticos y acontecimientos, no puede decirse que se trata de un mito, una leyenda o una invención, producto de las mentes de aquél siglo. Si acaso, se adornan los hechos con giros literarios y sabrosos agregados, para hacer más ameno un relato que por muy diversas causas ya tomó patente de leyenda. Con respecto a los nombres que en este cuento aparecen, tampoco se ha cambiado nada y si varían es porque en ese entonces se usaban de una manera diferente nombres, apellidos y blasones.

Durante muchos años y según consta en las actas del muy antiguo convento de la Concepción, que hoy se localizaría en la esquina de Santa María la Redonda y Belisario Domínguez, las monjas enclaustradas en tan lóbrega institución, vinieron sufriendo la presencia de una blanca y espantable figura que en el hábito de monja de esa orden, veían colgada de uno de los arbolitos de durazno que en ese entonces existían.

Cada vez que alguna de las novicias o profesas tenían que salir a alguna misión nocturna y cruzaban el patio y jardines de las celdas interiores, no resistían la tentación de mirarse en las cristalinas aguas de la fuente que en el centro había y entonces ocurría aquello. Tras ellas, balanceándose al soplo ligero de la brisa nocturnal, veían a aquella novicia pendiente de una soga, con sus ojos salidos de las órbitas y con su lengua como un palmo fuera de los labios retorcidos y resecos; sus manos juntas y sus pies con las puntas de las chinelas apuntando hacia abajo.

Las monjas huían despavoridas clamando a Dios y a las superioras, y cuando llegaba la abadesa o la madre tornera que era la más vieja y la más osada, ya aquella horrible visión se había esfumado.

Así, noche a noche y monja tras monja, el fantasma de la novicia colgando del durazno fue motivo de espanto durante muchos años y de nada valieron rezos ni misas ni duras penitencias ni golpes de cilicio para que la visión macabra se alejara de la santa casa, llegando a decirse en ese entonces cuando aún no se hablaba ni se estudiaba sobre estas cosas, que todo era una visión colectiva, un caso típico de histerismo, provocado por el obligado encierro de las religiosas.

Mas una cruel verdad se ocultaba en la fantasmal aparición de aquella monja ahorcada, colgada del durazno y se remontaba a muchos años antes, pues debe tenerse en cuenta que el Convento de la Concepción fue el primero en ser construido en la capital de la Nueva España, (apenas 22 años después de consumada la Conquista y no debe confundirse convento de monjas-mujeres con monasterio de monjes-hombres), y por lo tanto, fue también el primero en recibir como novicias a hijas, familiares y conocidas de los conquistadores españoles.

Vivían pues en ese entonces en la esquina que hoy serían las calles de Argentina y Guatemala, precisamente en donde se ubicaba muchos años después una cantina, los hermanos Ávila, que eran Gil, Alfonso y doña María, a la que por oscuros motivos se inscribió en la historia como doña María de Alvarado.

Pues bien esta doña María que era bonita y de gran prestancia, se enamoró de un tal Arrutia, mestizo de humilde cuna y de incierto origen, quien viendo el profundo enamoramiento que había provocado en doña María, trató de convertirla en su esposa para así ganar mujer, fortuna y linaje.

A tales amoríos se opusieron los hermanos Ávila, sobre todo el llamado Alonso de Ávila, quien llamando una tarde al irrespetuoso y altanero mestizo, le prohibió que anduviese en amoríos con su hermana.

—Nada podéis hacer si ella me ama —dijo cínicamente el tal Arrutia—, pues el corazón de vuestra hermana ha tiempo es mío; podéis oponeros cuanto queráis, que nada lograréis.

Molesto don Alonso de Ávila se fue a su casa de la esquina antes dicha y que siglos después se llamara del Relox y Escalerillas respectivamente, y habló con su hermano Gil, a quien le contó lo sucedido. Gil pensó en matar en un duelo al bellaco que se enfrentaba a ellos, pero don Alonso pensando mejor las cosas, dijo que el tal sujeto era un mestizo despreciable que no podría medirse a espada contra ninguno de los dos y que mejor sería que le dieran un escarmiento. Meditando más cuidadosamente decidieron reunir un buen monto de dinero y se lo ofrecieron al mestizo para que se largara para siempre de la capital de la Nueva España, pues con los dineros ofrecidos podría instalarse en otro sitio y poner un negocio lucrativo.

Cuéntase que el metizo aceptó y sin decir adiós a la mujer que había llegado a amarlo tan intensamente, se fue a Veracruz y de allí a otros lugares, dejando transcurrir los meses y los años, tiempo durante el cual la desdichada doña María Alvarado sufría, padecía, lloraba y gemía como una sombra por la casa solariega de los hermanos Ávila, sus hermanos, según dice la historia.

Finalmente, viendo tanto sufrir y llorar a la querida hermana, Gil y Alonso decidieron convencer a doña María para que entrara de novicia a un convento. Escogieron al de la Concepción y tras de reunir otra fuerte suma como dote, la fueron a enclaustrar diciéndole que el mestizo motivo de su amor y de sus cuitas jamás regresaría a su lado, pues sabían de buena fuente que había muerto.

Sin mucha voluntad doña María entró como novicia al citado convento, en donde comenzó a llevar la triste vida claustral, aunque sin dejar de llorar su pena de amor, recordando al mestizo Arrutia entre rezos, *ángelus* y *maitines*. Por las noches, en la soledad tremenda de su celda, se olvidaba de su amor a Dios, de su fe y de todo y sólo pensaba en aquel mestizo que la había sorbido hasta los tuétanos y sembrado de deseos su corazón.

Al fin, una noche, no pudiendo resistir más esa pasión que era mucho más fuerte que su fe, que opacaba del todo a su religión, decidió matarse ante el silencio del amado de cuyo regreso llegó a saber, pues el mestizo había vuelto a pedir más dinero a los hermanos Ávila.

Cogió un cordón y lo trenzó con otro para hacerlo más fuerte, a pesar de que su cuerpo a causa de la pasión y los ayunos se había hecho frágil y pálido. Se hincó ante el crucificado, a quien pidió perdón por no poder llegar a desposarse al profesar, y se fue a la huerta del convento y a la fuente.

Ató la cuerda a una de las ramas del durazno y volvió a rezar pidiendo perdón a Dios por lo que iba a hacer y al amado mestizo por abandonarlo en este mundo.

Se lanzó hacia abajo... Sus pies golpearon el brocal de la fuente.

Y allí quedó basculando, balanceándose como un péndulo blanco, frágil, movido por el viento.

Al día siguiente la madre portera que fue a revisar los gruesos picaportes y herrajes de la puerta del convento, la vio colgando, muerta.

El cuerpo ya tieso de María de Alvarado fue bajado y sepultado esa misma tarde en el cementerio interior del convento y allí pareció terminar aquél drama amoroso.

Sin embargo, un mes después, una de las novicias vio la horrible aparición reflejada en las aguas de la fuente. A esta aparición siguieron otras, hasta que las superioras prohibieron la salida de las monjas a la huerta, después de puesto el sol.

Tal parecía que un terrible sino, el más trágico, perseguía a esta familia, vástagos los tres de doña Leonor Alvarado y de don Gil González Benavides, pues ahorcada doña María de Alvarado en la forma que antes queda dicha, sus dos hermanos Gil y Alonso de Ávila se vieron envueltos en aquella conspiración o asonada, encabezada por don Martín Cortés, hijo del conquistador Hernán Cortés y descubierta esta conjura fueron encarcelados los hermanos Ávila, juzgados sumariamente y sentenciados a muerte.

El 16 de julio de 1566, montados en cabalgaduras vergonzantes, humillados y vilipendiados, los dos hermanos Ávila, Gil y Alonso, fueron conducidos al patíbulo en donde fueron degollados. Por órdenes de la Real Audiencia y en mayor castigo a la osadía de los dos Ávila, su casa fue destruída y en el solar que quedó se aró la tierra y se sembró con sal.

Salvador

La Calle de la Quemada

Muchas de las calles, puentes y callejones de la capital de la Nueva España tomaron sus nombres debido a sucesos ocurridos en las mismas, a los templos o conventos que en ellas se establecieron o por haber vivido y tenido sus casas personajes y caballeros famosos, capitanes y gentes de alcurnia. La calle de La Quemada, que hoy lleva el nombre de 5a. Calle de Jesús María y según nos cuenta esta dramática leyenda, tomó precisamente ese nombre en virtud a lo que ocurrió a mediados del siglo XVI.

Cuéntase que en esos días regía los destinos de la Nueva España don Luis de Velasco I., (después fue virrey su hijo del mismo nombre, 40 años más tarde), que vino a reemplazar al virrey don Antonio de Mendoza enviado al Perú con el mismo cargo. Por esa misma fecha vivían en una amplia y bien fabricada casona don Gonzalo Espinosa de Guevara con su hija Beatriz, ambos españoles llegados de la Villa de Illescas, trayendo gran fortuna que el caballero hispano acrecentó aquí con negocios, minas y encomiendas. Y dícese en viejas crónicas desleídas por los siglos, que si grande era la riqueza de don Gonzalo, mucho mayor era la hermosura de su hija. Veinte años de edad, cuerpo de graciosas formas, ojos glaucos, rostro hermoso y de una blancura de azucena, enmarcado en abundante y sedosa cabellera bruna que le caía por los hombros y formaba una cascada hasta la espalda de fina curvadura.

Asegurábase en ese entonces que su grandiosa hermosura corría pareja con su alma, toda bondad y toda dulzura, pues gustaba de amparar a los enfermos, curar a los apestados y socorrer a los humildes, por los cuales llegó a despojarse de sus valiosas joyas en plena calle, para dejarlas en esas manos temblorosas y cloróticas.

Con todas estas cualidades de belleza, alma generosa y noble cuna, a lo cual se sumaba la inmensa fortuna de su padre, lógico es pensar que no le faltaron galanes que comenzaron a requerirla en amores para posteriormente solicitarla como esposa. Muchos caballeros y nobles galanes desfilaron ante la casa de doña Beatriz, sin que ésta aceptara a ninguno de ellos, por más que todos fueran buenos partidos para efectuar un ventajoso matrimonio.

Por fin llegó aquel caballero a quien el destino le había deparado como esposo, en la persona de don Martín de Scópoli, Marqués de Piamonte y Franteschelo, apuesto caballero italiano que se prendó de inmediato de la hispana y comenzó a amarla no con tiento y discreción, sino con abierta locura.

Y fue tal el enamoramiento del marqués de Piamonte, que plantado en mitad de la calleja en donde estaba la casa de doña Beatriz o cerca del convento de Jesús María, se oponía al paso de cualquier caballero que tratara de transitar cerca de la casa de su amada. Por este motivo no faltaron altivos caballeros que contestaron con hombría la impertinencia del italiano, saliendo a relucir las espadas. Muchas veces bajo la luz de la luna y frente al balcón de doña Beatriz, se cruzaron los aceros del Marqués de Piamonte y los demás enamorados, habiendo resultado vencedor el italiano.

Al amanecer, cuando pasaba la ronda por esa calle, siempre hallaba a un caballero muerto, herido o agonizante a causa de las heridas que produjera la hoja toledana del señor de Piamonte. Así, uno tras otro iban cayendo los posibles esposos de la hermosa dama de la Villa de Illescas.

Doña Beatriz, que amaba ya intensamente a don Martín, por su presencia y galanura, por las frases ardientes de amor que le había dirigido y las esquelas respetuosas que le hizo llegar por manos y conducto de su ama, supo lo de tanta sangre corrida por su culpa y se llenó de pena, de angustia y de dolor por los hombres muertos y por la conducta celosa que observaba el de Piamonte.

Una noche, después de rezar ante la imagen de Santa Lucía, virgen mártir que se sacó los ojos, tomó una terrible decisión tendiente a lograr que don Martín de Scópoli, marqués de Piamonte y Franteschelo, dejara de amarla para siempre.

Al día siguiente, después de arreglar ciertos asuntos que no quiso dejar pendientes, como su ayuda a los pobres y medicinas y alimentos que debían entregarse periódicamente a los pobres y conventos, despidió a toda la servidumbre, después de ver que su padre salía con rumbo a la Casa del Factor.

Llevó hasta su alcoba un brasero, colocó carbón y le puso fuego. Las brasas pronto reverberaron en la estancia, el calor en el anafre se hizo intenso, y entonces, sin dejar de invocar a Santa Lucía y pronunciando entre lloros el nombre de don Martín, se puso de rodillas y clavó con decisión, su hermoso rostro sobre el brasero.

Crepitaron las brasas, un olor a carne quemada se esparció por la alcoba antes olorosa a jazmín y almendras, y después de unos minutos, doña Beatriz pegó un grito espantoso y cayó desmayada junto al anafre.

Quiso Dios y la suerte que acertara a pasar por allí el fraile mercedario Fray Marcos de Jesús y Gracia, quien por ser confesor de doña Beatriz entró corriendo a la casona después de escuchar el grito tan agudo y doloroso.

Encontró a doña Beatriz aún en el piso, la levantó con gran cuidado y quiso colocarle hierbas y vinagre sobre el rostro quemado, al mismo tiempo que le preguntaba qué le había ocurrido.

Y doña Beatriz que no mentía y menos a Fray Marcos de Jesús y Gracia que era su confesor, le explicó los motivos que tuvo para llevar al cabo tan horrendo castigo. Terminando por decirle al mercedario que esperaba que ya con el rostro horrible, don Martín el de Piamonte no la celaría, ni dejaría de amarla y los duelos en la calleja terminarían para siempre.

El religioso fue en busca de don Martín y le explicó lo sucedido, esperando también que la reacción del italiano fuera en el sentido en que doña Beatriz había pensado, pero no fue así. El caballero italiano se fue de prisa a la casa de doña Beatriz su amada, a quien halló sentada en un sillón sobre un cojín de terciopelo carmesí, su rostro cubierto con un velo negro que ya estaba manchado de sangre y carne negra.

Con sumo cuidado le descubrió el rostro a su amada y al hacerlo no retrocedió horrorizado, se quedó atónito, apenado, mirando la cara hermosa y blanca de doña Beatriz, horriblemente quemada. Bajo sus antes arqueadas y pobladas cejas, había dos agujeros con los párpados chamuscados, sus mejillas sonrosadas, eran cráteres abiertos por donde escurría sanguaza y los labios antes bellos, carnosos, dignos de un beso apasionado, eran una rendija que formaban una mueca horrible.

Con este sacrificio, doña Beatriz pensó que don Martín iba a rechazarla, a dejar de amarla como esposa, pero no fue así. El marqués de Piamonte se arrodilló ante ella y le dijo con frases en las que campeaba la ternura:

—Ah, doña Beatriz, yo os amo no por vuestra belleza física, sino por vuestras cualidades morales, sois buena y generosa, sois noble y vuestra alma es grande...

El llanto cortó estas palabras y ambos lloraron de amor y de ternura.

—En cuanto regrese vuestro padre, os pediré para esposa, si es que vos me amáis—. Terminó diciendo el caballero.

La boda de doña Beatriz y el marqués de Piamonte se celebró en el templo de La Profesa y fue el acontecimiento más sensacional de aquellos tiempos. Don Gonzalo de Espinosa y Guevara gastó gran fortuna en los festejos y por su parte el marqués de Piamonte regaló a la novia vestidos, alhajas y mobiliario traídos desde Italia.

Claro está que doña Beatriz al llegar ante el altar se cubría el rostro con un tupido velo blanco, para evitar la insana curiosidad de la gente y cada vez que salía a la calle, sola al cercano templo a escuchar misa o acompañada del esposo, lo hacía con el rostro cubierto por un velo negro.

A partir de entonces, la calle se llamó Calle de La Quemada, en memoria de este acontecimiento que ya en cuento o en leyenda, han repetido varios autores, siendo estos datos los auténticos y que obran en polvosos documentos.

MICHOACÁN

Eréndira
(Leyenda de los Tarascos)

Cuenta la leyenda que hubo en algún tiempo un lugar donde el aire que se respiraba era limpio y donde se mirara se encontraba uno con hermosos paisajes, y aquéllos que vinieron al comienzo de los tiempos se maravillaron con aquel lugar y vivieron ahí desde siempre e hicieron su ciudad junto a un gran lago.

Otras culturas llamaron a este lugar Michoacán, que significa "tierra de pescadores", y a sus habitantes, michoacanos, y vivieron ahí por largas generaciones. Los michoacanos vivían en comunión con su entorno y des-arrollaron su cultura, engrandeciendo su país, construyendo día a día su ideología. El tiempo pasó, vinieron monarcas buenos y monarcas malos, guerras, hambres y tiempos de opulencia, y llegaron noticias con los mensajeros de la Tenochtitlán, de invasores venidos de tierras más lejanas de donde el cielo y la tierra se hacen uno, que hablaban del terror de ver al imperio más grande resquebrajarse frente a sus ojos, cómo el ejército inigualable era vencido y la sangre de una de las culturas más grandes estaba vertida sobre las ruinas que fueran la gran Tenochtitlán.

Los jóvenes michoacanos estaban dispuestos a luchar sin tregua a defender su suelo, el país que les pertenecía, en donde los hombres eran libres y las águilas volaban, más ¿de qué servía un ejército resuelto a morir por su patria si el rey temblaba frente al enemigo? Tzimtzicha era considerado un monarca débil y cobarde, por esto la confusión reinaba en el país. ¿Repetiría Tzimtzicha el error del débil Moctezuma y se rendiría frente a los invasores? ¿O seguiría el ejemplo de Cuauhtémoc y los combatiría? Hernán Cortés había oído hablar de las riquezas que había en Michoacán y mandó a sus mensajeros a hablar con el monarca michoacano, persuadiéndolo a rendirse y reconocer al rey de Castilla. Tras realizar la misión que les fuera encargada,

51

los mensajeros regresaron con la respuesta de Tzimtzicha, quien ofrecía su amistad y obediencia a Hernán Cortés, y un cargamento de presentes para éste, a cambio de un enorme perro lebrel, propiedad de un español llamado Francisco Montaño. En Michoacán se sentía en el ambiente la desolación, la duda se reflejaba en todos los rostros, en los jóvenes ardía el patriotismo, y los viejos estaban resignados pues sabían que un rey como Tzimtzicha, sin ambiciones, los llevaría a un final catastrófico como el de los mexicanos. Pero en medio de la confusión hubo una mujer que se alzó por su coraje, ya que guardaba dentro de sí un amargo odio hacia los españoles. Ésta era la hija de Timas, el principal consejero del rey: "Y la llamaron Eréndira, que significa risueña, pues su constante sonrisa imprimía un sello de malicia y burla". Muchos guerreros codiciaban a esa hermosa virgen morena, mas ninguno conseguía de ella más que una sarcástica sonrisa. Uno entre ellos, Nanuma, el jefe de todos los ejércitos, estaba enamorado de ella, y la amaba con el amor más puro, no sólo porque fuera bella, sino por la gran inteligencia e ingenio de ésta. Pero Eréndira no amaba a nadie y esto era debido a que tenía un amor más grande que cualquier otro: amaba los llanos, amaba las montañas de su Michoacán, amaba su aire y su cielo, sus lagos y sus campos. Nanuma le hablaba de amores:

—Dime, ¿Por qué no comprendes que soy quien más te ama en el mundo?

—Porque no quiero tener un dueño —respondía la doncella con su sonrisa irónica.

—¡Oh siempre desdeñosa, siempre con esa eterna sonrisa altiva en los labios! —Contestaba Nanuma.

Más ¿cómo podía pertenecerle a alguien más de lo que le pertenecía al viento y a los árboles?, ¿para qué jurarle a alguien un amor eterno si ya le había jurado a su patria defenderla?, ¿cómo entonces podía olvidarse de esa tierra que tanto amaba?

Días después un acontecimiento hizo al pueblo olvidarse de las dudas, aunque según el pidecuario, ritual de los sacerdotes tarascos, no había ninguna fiesta por esas fechas; se celebraría un acto solemne a Xaratanga, vengativa e inexorable diosa de la luna, en el gran templo. Llegó entonces la hora que los tarascos llaman Inchantiro, la hora en que el sol desaparece debajo del horizonte, y la luna se levantó como un gran disco hasta llegar a su lugar debido y entonces se presentó en todo su esplendor. Mientras, las quiringuas dejaban oír su melancólico canto. La gente se apiñaba en silencio, cuando el rey y su comitiva hicieron su entrada y tomaron asiento, un sacerdote entró en el santuario. Un grito jamás oído antes desgarró el silencio de la noche, llenando los corazones de todos los presentes de terror, los discordantes alaridos resonaban intermitentemente. El sacerdote volvió a salir y le seguían cuatro guerreros que llevaban atada a una bestia que jamás se había visto en aquel país, que infundía pánico con sus endemoniados ojos y de cuyas fauces salía aquella voz tan aterradora que hiciera a la muchedumbre temblar. La fiera luchaba por liberarse, en sus ojos asomaba la ira y su hocico vertía espuma, cuando la luna se ostentaba ya arriba del horizonte cesaron los ladridos y pusiéronle los sacerdotes en la piedra de los sacrificios; el sacerdote pálido sacó su cuchillo labrado de obsidiana y jade, lo hundió en el pecho de la bestia y rápidamente sacó su corazón.

Eréndira se volvió hacia Nanuma y le dijo:

—¡Hoy es la bestia y mañana serán los españoles los que mueran así!, entonces yo seré tu esposa.

Nanuma difícilmente podía creer lo que había escuchado. Eréndira se encargó de infundir valor a las princesas y a los capitanes del ejército burlándose de los españoles, sembraba en cada persona que la escuchaba, el patriotismo que ardía en su ser. En una ocasión que pudo hablar con Nanuma le dijo:

—Tú eres el que derrotará al ejército de los invasores y cuando regreses victorioso, yo seré tu recompensa.

—¿Y si fallo? —preguntó el guerrero.

—Iré a llorar sobre tu sepulcro y sembraré en tu yácata las más hermosas flores de nuestros campos.

Esta idea hizo temblar a Nanuma.

—No te preocupes entonces, que yo lucharé hasta morir.

—No nos rendiremos, porque somos más grandes y fuertes, ¿No nos han protegido los dioses siempre? ¿No vencimos con ingenio las dos veces que los mexicanos quisieron conquistar este país? ¿No es verdad acaso que Curicaueri al principio de los tiempos hizo al hombre de barro, mas éste se desbarató al entrar al agua, no lo reconstruyó entonces de ceniza pero queriendo que tuviera más consistencia, no formó a nuestros hombres de metal? ¿No son tus guerreros de metal, Nanuma? ¿No se convertirán en mujercitas al enfrentar a los invasores? No tengas piedad entonces Nanuma cuando estés allá en el campo de batalla, pues sé que eres tú el más valiente de los guerreros y llevarás a nuestro ejército a triunfar sobre los invasores y resguardarás la grandeza de nuestro imperio.

Una mañana marcharon las tropas del ejército michoacano por las calles de Tzintzuntzan, a la vista de Tzimtzicha, quien estaba inquieto por el resultado de la guerra que aquel ejército estaba a punto de iniciar. Hernán Cortés envió a su ejército a encontrarlos, comandado por su más valiente capitán, Cristóbal de Olid. La guerra se desencadenó en la ciudad de Taximora que había sido tomada por el ejército tarasco, quienes caían valientemente frente al hierro del enemigo. Aquellos que no se sacrificaban en la lucha desigual quedaron mudos de espanto al oír los disparos de los españoles y emprendieron una vergonzosa fuga para lograr su salvación.

Nanuma y otros nobles fueron los mensajeros de la vergonzosa derrota. Eréndira decepcionada se volvió sin evitar que dos lágrimas se derramaran sobre sus mejillas. En vano quiso Nanuma hablar con Eréndira.

—Dime entonces, ¿qué debía hacer?

—¡Morir!, los españoles te enseñarán pronto el oficio de los hombres que no saben morir por su patria.

Timas habló entonces a los hombres que lo rodeaban, y aquellos que estaban decididos a defender su patria hasta la muerte, juraron hacerlo y armándose de hondas y flechas fueron al templo. A las mujeres y a los niños se les ordenó huir a los montes, mientras tanto ellos esperaban la venida de los invasores. Cristóbal de Olid y su ejército entraron a la ciudad, mientras que un millar de hombres comandados por Timas esperaban en el templo, Tzimtzicha se había rendido ya ante Olid cuando el grito de guerra se oyó en toda la ciudad. Heroicamente lucharon Timas y los defensores del templo, mas el enemigo era por varios miles más numeroso. Cristóbal de Olid envió al combate a todas sus huestes que barrieron con todo lo que quedaba de los purépechas, algunos lograron escapar huyendo hacia el monte. El ejército de Cristóbal de Olid revisaba los cuerpos buscando los cadáveres de los españoles. El manto de la oscuridad se fue disipando hasta la llegada de la luz, que dejaba ver la ruina. El suelo estaba tapizado de muertos en su mayoría de purépechas, junto con mexicanos y tlaxcaltecas que venían con los españoles y los cadáveres de estos últimos; había llegado el ocaso de una de las culturas más grandes de América, tras la muerte valiente de los michoacanos. Quizás en algún futuro, los descendientes de aquellos valientes hombres conocerían la razón por la que perdieron la vida por un pedazo de tierra donde vivían libres, quizás sabrían de la grandeza de Michoacán.

Salvador

La Azucena de Carmelitas

El convento de religiosas carmelitas que estaba al sur de Morelia quedó, como todos, reducido a ruinas hace más de medio siglo. Una iglesia con su campanario en forma de palma con tres campanas y una esquila para llamar a *maitines*, que llevaban los respectivos nombres de Teresa, Juana, Guadalupe y María, se levantaba en la esquina del convento. Un espacioso claustro poblado de celdas con su bulliciosa fuente en el centro rodeada de olorosos naranjos. A unos veinte pasos de la fuente se erguía un corpulento y oscuro ciprés. En uno de los testeros del claustro se mecía como flotante pabellón, una olorosa mosqueta que en armonía con los azahares de los naranjos saturaban de aromas el ambiente. En el lado opuesto una frondosa bugambilia o camelina morada sombreaba la celda de la madre abadesa. Más allá del claustro se extendía la huerta de limoneros, naranjos, duraznos, chirimoyos y demás árboles frutales. Eran allí cultivadas también toda clase de flores y rosas que esmaltaban el jardín y embalsamaban el ambiente. En el medio de la huerta había un pozo de agua cristalina y dulce, sombreado por un fresno de admirable corpulencia. Un muro de calicanto circundaba el convento y la huerta, dejando ver por encima las copas del fresno, del ciprés y de los demás árboles, y estando coronado de hiedras y campanillas que se derramaban por la parte de afuera, alegrando las vecinas callejas de casas destartaladas y mohosas. Junto a la portada del convento un azulejo incrustado en el muro decía: Beaterio de Carmelitas.

Allí vivían las religiosas ocupadas día por día en la oración, en la asistencia al coro y a los divinos oficios, en la enseñanza y educación de las niñas pequeñas, en la fabricación de los famosos guayabates y en el cuidado del jardín y de la huerta. Esto es: servían a Dios, a los demás y a sí mismas.

Entre ellas pasaba la vida tranquila y reposaba una joven de veinte abriles de una hermosura incomparable.

Rostro ovalado, nariz recta, ojos grandes y azules, boca pequeña de labios delgados y rojos como cacho de granada, la barba partida, al reír dos hoyuelos en las mejillas, oídos nacarinos y transparentes; cabellera larga y dorada.

Su busto alto y mórbido, el cuello y los brazos torneados y las manos aristocráticas. Su cuerpo elevado, esbelto y flexible. Sus pies pequeños y firmes. Su fisonomía y sus ademanes revelaban su alcurnia. Era doña María Fuensálida, marquesa de Aldara y que en religión llevaba el humilde nombre de sor Angélica de la Cruz.

Su vocación al estado religioso había sido decidida y comprobada, y en la corte de México no hubo medio de apartarla de ella. Muchos nobles y ricos pretendientes pidieron su mano y a todos con la mejor cortesía se la negó. Hubo uno, sin embargo, más tenaz que todos: don Luis Peláez, mayorazgo de la Montaña de Santander que vino a México, acompañando al virrey marqués de Croix y quedó prendado de la belleza de doña María, en cuanto la vio en un sarao de la corte del virrey. Era el menos simpático para ella, pues aparte de su poca nobleza y dinero, aunque era apuesto y garrido militar, era un aventurero, de conducta disipada y de genio feroz. Y si a pretendientes tan nobles y ricos como ella y de arraigo e irreprochable conducta había negado su mano, "¿cómo se la iba a conceder a un aventurero?" Esto irritó a don Luis de tal manera que la perseguía a muerte por dondequiera: en la calle, en su casa, en los paseos, en los conventos. Esto fue lo que determinó a sus nobles padres traerla al Beaterio de Carmelitas de Morelia.

Allí en aquel asilo pasó sin contratiempo el año del noviciado y al cabo profesó en medio del mayor contentamiento suyo y de sus superioras.

Mas todavía allí no estuvo la paloma al abrigo del halcón. Don Luis descubrió el agujero de la roca donde moraba doña María y allá se lanzó furioso y desesperado.

Apenas se sacudió el polvo del camino, cuando ya estaba rondando el convento para encontrar un momento oportuno de verle y hablarle. Pero allí como en México, jamás consiguió nada. En las horas en que las religiosas asistían al coro, allí estaba don Luis junto a la reja lanzando hacia adentro miradas escrutadoras por ver si la distinguía, para contemplarla cuando menos. Cuando cantaban *maitines*, aplicaba el oído a ver si escuchaba entre todas su voz argentina y dulce. Mas todo era inútil, porque sabiendo la abadesa que allí estaba don Luis, dispensaba a sor Angélica la asistencia al coro, cuando la iglesia estaba abierta, con el fin de ocultarla a las miradas de su tenaz perseguidor.

Las noches serenas bañadas por la apacible luz de la luna, como las oscuras tachonadas de estrellas y aquellas en que el cielo encapotado derramaba agua a torrentes, allí estaba don Luis ya en una esquina, ya en otra, espiando el momento oportuno de que entrasen a *maitines* para aplicar el oído a la puerta de la iglesia para escuchar, o más, para adivinar la salmodia de doña María.

Este estado de cosas no podía durar para siempre. Aburrido y enojado, don Luis comenzó a meditar un plan diabólico y terrorífico para ablandar la roca de granito, como él llamaba a doña María frente a sus camaradas. Pensó asaltar el convento en altas horas de la noche y robarse a sor Angélica y huir con ella por sendas extraviadas, por montes, por donde hubiera un lugar oculto para vengar tanto menosprecio, tanto desdén sufrido hasta entonces pacientemente por él.

Una madrugada fría y húmeda, cuando las religiosas se entregaban profundamente a un sueño reparador y los servidores del convento estaban todavía muy lejos de llegar, con una ganzúa de antemano estudiada y preparada, abrió la puerta falsa de la huerta por donde entraba la leña y el carbón, por donde salía la fruta y la hortaliza para el mercado. Llegó cautelosamente al silencioso claustro y se encaminó a la celda de sor Angélica que dormía apaciblemente. Entreabrió la puerta y a la luz débil de una lamparilla que ardía frente a una estampa del Señor de la Columna, la contempló absorto por breves instantes, pero mirando que no había tiempo qué perder, tomó en sus brazos a sor Angélica y partió con ella por la huerta. Como sor Angélica gritase, la amordazó con el fin de impedir sus gritos, de tal modo que las demás religiosas no oyeron nada. Ya en la huerta, sor Angélica hizo un esfuerzo supremo para escapar de los brazos de su raptor, mas éste enfurecido por la resistencia heroica de aquella virgen, le ató una soga al cuello y la colgó de aquel fresno que estaba junto al pozo y huyó precipitado, sin haber enturbiado aquella agua cristalina y pura.

¡Qué mañana más hermosa! El cielo azul con una que otra nube flotando como góndola de nieve. El sol radiante del equinoccio caldeando la atmósfera diáfana y quieta. El azahar, las mosquetas y la azucena, perfumaban el ambiente, embriagando con sus aromas. Las doradas mariposas iban de flor en flor libando el néctar de sus cálices. Los pintados pajarillos no cesaban de ensayar sus trinos y gorjeos. En tanto que la naturaleza lucía sus galas primaverales, las religiosas hablándose en voz baja, iban de un lugar a otro aterradas, confusas, espantadas, sin hallar qué hacer. La celda de sor Angélica sola; suben, bajan; van y vienen; se preguntan, se responden y nada, hasta que en vertiginosa carrera llega el hortelano a dar parte a la abadesa de lo que sus ojos habían visto en la huerta. El cadáver de sor Angélica flotaba colgado de unas ramas del fresno del pozo.

—¡Un suicidio! —exclamaron, pero esto no es posible; sor Angélica era un modelo de virtudes, incapaz de llevar a cabo semejante crimen. No, aquí hay otra cosa, un rapto y como ella se defendiese fue asesinada colgándola para que dijeran que había habido un suicidio, tanto más cuanto que don Luis conocido ya de toda Valladolid, había desaparecido de la noche a la mañana.

La autoridad virreinal tomó cartas en el asunto sin aclarar nada, lo que produjo la duda y se declarase de parte de los que opinaban que había sido un suicidio, a pesar de que la puerta de la huerta se había encontrado abierta; pero el hortelano no se acordaba si la había o no cerrado, dado que muchas veces la dejaba abierta y quizá aquella había sido una de ellas. Descolgaron por tanto el cadáver y sin las honras fúnebres del caso lo sepultaron al pie del fresno del pozo. Consternadas, sin embargo, las religiosas no dejaban de suplicar a Dios por el descanso eterno del alma de sor Angélica, aunque todas las apariencias decían que había muerto en pecado.

Pasó el tiempo; casi ya nadie se acordaba del espantoso suceso, cuando una mañana el hortelano encontró sobre la fosa de sor Angélica una mata de azucena florida sin antes haberla plantado allí. Año por año se repetía el prodigio hasta que la abadesa, a instancias de la comunidad, mandó exhumar los restos de sor Angélica, llevándolos procesionalmente a la iglesia donde se les cantó un funeral y se depositaron en el coro al lado de los sepulcros de las demás religiosas muertas en olor de santidad.

Mas de año en año se repetía el prodigio de la azucena con grande admiración de todos. Hoy ya en ruinas el Beaterio de Carmelitas, destartalado el coro y mal sosteniéndose el artesonado de la iglesia. En el claustro había viviendas de gente pobre. La huerta aún conservaba el pozo y el fresno junto al cual había estado la tumba de sor Angélica. El pozo estaba aterrado y lleno de zarzas. Y en el lugar del coro donde reposaban los restos, contó una vieja que cuidaba de la vecindad que hay siempre una mata florecida de azucena.

Salvador.

La Cueva del Toro

Morelia tiene alrededores tan hermosos como pocas ciudades del país. Limitada al norte y al sur por dos ríos que llevan agua todo el año, tienen sus praderas siempre verdes; la alfalfa, el trébol, la lechuga y los rosales perennemente las esmaltan con su verdor y sus colores; los fresnos, los sauces y los eucaliptos la ciñen y le dan sombra y frescura. Más allá, por todos lados montañas azules que en tiempo de aguas se revisten de esa menuda hierba que parece terciopelo verde y de esa infinita variedad de florecillas sin nombre que manchan de amarillo, morado, rosa y blanco su plegada superficie. Sus crepúsculos son siempre espléndidos. Al tramontar el sol la crestería del ocaso inflama las nubes con luces de una maravillosa coloración y transparencia. El oro viejo, el gualda, el carmín, la violeta, el ópalo, la turquesa, la esmeralda, el rubí, el topacio, el zafiro y la amatista, presentan al sol sus colores para embadurnar la gigante paleta del cielo, en esas tardes de octubre que son las más hermosas del año para pintar sus crepúsculos.

Al oriente, la antigua calzada de México bordeada a lo largo por ambos lados de animosos y copados fresnos que se cruzan formando una espesa bóveda de follaje por donde atraviesa el sol trabajosamente, termina en la loma que llaman Del Zapote.

Desde su parte más alta se contempla un panorama grandioso. En primer término una arboleda de fresnos, inmensa, fastuosa, en cuya cima destacan las casas, las torres y las cúpulas revestidas de brillantes azulejos. Más allá el elevado pico de Quinceo coronado de oscuros pinares, el azul pico del Zirate y las no menos azules ondulaciones de las montañas de San Andrés, desde donde el moribundo sol lanza sus ardientes melancólicas miradas de despedida a Morelia que las recibe amorosa reclinada en su lecho de perfumadas flores. Al sur, desde la cañada del rincón, se lanza como flecha gigantesca hacia la ciudad un acueducto romano de arcos de piedra ennegrecida por los años, que la surtió en otro tiempo de gruesa y sabrosa agua.

Por este rumbo, acostumbraba yo pasear cuando era estudiante, así por hacer ejercicio como por respirar el puro y perfumado aire que sopla en aquellos contornos. En uno de tantos paseos tropecé con un socavón misterioso, cuya entrada en una de las ondulaciones de la loma, estaba cubierta con esas colosales matas de malva que crecen con opulencia. Entreabrí el follaje y no sin un poquito de temor, bajé por unos malhechos peldaños que dan acceso al fondo oscuro de la cueva que sigue en dirección al oriente.

Es tan alta que un hombre de estatura regular puede erguido marchar dentro de ella. Anduve como unos diez metros hacia dentro impidiéndome el paso el escombro de un derrumbamiento antiguo, y según las huellas, intencional, como si alguien hubiera querido obstruir el paso con premura. Sin embargo, por los intersticios del escombro, pude notar que la cueva seguía oscura y profunda hasta llegar a un punto abierto al aire libre porque soplaba un viento húmedo y frío de dentro hacia fuera. Y como en esos momentos soplaba en la faz de la tierra un viento fuerte, percibía yo debajo en la cueva, uno como ronco mugido semejante al son que produce la más grave de las contras de un órgano, al vibrar el aire en su ancha boca de madera.

Salí de la cueva; ya un pastor apacentaba por ahí unas vacas que ramoneaban la húmeda hierba; presumiendo que sabría algo fantástico de ella me aventuré a trabar conversación con él pidiéndole la lumbre para encender un cigarrillo.

—¿Has entrado alguna vez en esa cueva? —le pregunté después de arrojar la primera bocanada de humo. A esta pregunta inesperada abrió asombrado los ojos y contestó:

—¡Ah, señor! Cómo había yo de penetrar en esa cueva donde hay un toro encantado que apenas nota que entra uno y enseguida brama y acomete.

Siguiendo yo mi inclinación por las tradiciones y las leyendas populares que me encantan, me decidí a rogarle que me contase lo que sabía de la cueva.

—Con mucho gusto —dijo, y sentándonos a la sombra de un árbol sobre el césped, empezó de la siguiente manera, poco más poco menos.

"Ha mucho tiempo, no sé cuánto, allá cuando los españoles dominaban en México, que en esta loma estaba la casa de la hacienda que llamaban Del Zapote por un añoso árbol de esa especie que se encontraba allí corpulento y frondoso. Las ruinas casi imperceptibles que a lo lejos se ven son los únicos restos de la casa. La acción de los años y el abandono, cubriendo de maleza y jaramagos los muros ennegrecidos y musgosos, dieron con ellos en tierra, sin quedar para memoria otra cosa que esos montones de sillares donde crecen robustas las nopaleras, las malvas y la hiedra".

"Sus moradores son las culebras y las lagartijas que a las horas de bochorno salen a calentar su frío cuerpo y al menor ruido se esconden presurosas".

Entre esos escombros está la otra boca de la cueva que de fijo se abría en algún cuarto secreto de la casa, que servía para comunicarse los de adentro con los de afuera sin ser notados. Unos dicen que es tan antiguo ese socavón como lo era la casa de la hacienda; otros que fue hecho posteriormente por los monederos falsos que hacían pesos carones de cobre. Y esto último que se tiene relación con el nombre que lleva a la cueva. Yo tengo muchos años, muchos, muchos, no sé cuántos, pero vi el primer cólera y también el segundo. Vivía en el pueblo de la Concepción, ese pueblo cuya capilla está en ruinas y ahí en el cementerio sepulté a mi padre tan viejo como yo. Sabía muchas cosas del rey y de los monederos falsos. Y a él fue a quien lo oí referir lo que a mi vez refiero al presente. Por la boca de la cueva que está ahí entraban y salían los monederos, sin que nadie los notara y fuera a denunciarlos, según contaba mi padre que lo había oído decir en las noches de velada al calor de la lumbre, cuando mi abuelo contaba cosas medrosas. En las ruinas, en cuanto cerraba la noche, se veían luces errantes andar de cuarto en cuarto, por entre las grietas de los muros y las hendiduras de las ventanas; se escuchaban frecuentes golpes de martillo, como si los dieran en el centro de la tierra y mucho ruido de cadenas, que ponía espanto aun en el corazón más animoso y valiente. Si los muchachos se aventuraban a ver por el agujero de la llave del herrado portón el interior de aquella casa en ruinas, veían procesiones de esqueletos cuyas calaveras hacían terribles muecas, llevando en las manos huesosas cirios negros encendidos, y que en llegando al ancho patio, luchaban unos con otros apagándose las velas en las oscuras cuencas de los ojos, ya dando apagados alaridos, ya soltando carcajadas al abrir aquella mandíbula de abajo que semejaba carraca demolida. La entrada de la oscura cueva estaba custodiada por un bravísimo toro que bramaba y acometía feroz cuando alguien se atrevía a separar las matas que obstruían el paso, toro que le dio el nombre a la cueva como llevamos dicho, y que aún hoy día, aunque no se ve el toro, sí se oye el bramido".

"Supo el gobierno del rey que en aquellas apartadas ruinas se fabricaba moneda falsa, y en seguida se presentaron los alguaciles y la gente de armas, sorprendiendo a los monederos que no tuvieron manera de huir. Se defendieron desesperadamente y cayendo uno aquí y otro allá, todos fueron muriendo atravesados por las balas de los arcabuces, quedando sus cadáveres a merced de los buitres que por muchos días comieron carne de monederos falsos".

"Después acá, cuando las sombras de la noche cubren el campo y las estrellas brillan en el oscuro cielo; cuando el silencio ha cubierto los campos con sus alas y se han dormido los pájaros y los ganados, se oyen de vez en cuando ayes lastimeros, tranquidos de palos que chocan, mugidos lejanos que producen en el ánimo pavor y miedo. Hoy por hoy que ya han desaparecido las ruinas, no hay ya nada extraño y sólo queda para recuerdo la cueva y su nombre".

Salvador

El Perro de Piedra

En el antiguo Convento de las Rosas que hoy es hospicio de mujeres, hay un patio soberbio. Circuido por un claustro de pesada arquería barroca, ostenta en su centro una fuente tapizada de brillantes azulejos de Talavera de la Reina que tiene en medio una columna de granito rojo sobre cuyo capitel jónico se destaca un enorme perro fantástico, por cuyas entreabiertas fauces sale un borbollón de agua fresca y cristalina y cae espumosa en la gran taza de la fuente, murmurando tranquila y cadenciosa. En torno de la fuente se alzan melancólicos dos cipreses corpulentos que le dan sombra a la caída del sol; muchos rosales, jazmines, camelinas y limoneros que embalsaman el ambiente a todas horas. Un pedazo de cielo espléndido cubre el patio, como un inmenso fanal de zafiro.

En ese patio sucedió el hecho fantástico que voy a referir, según me lo contó una viejecita asilada allí hace muchos años, dado que falleció de ciento cuatro años y fue criada del convento.

Doña Juana de Moncada, condesa de Altamira, después de enviudar quiso pasar el resto de su vida recluida en una casa religiosa de Valladolid. Y al efecto, escogió el Colegio y Convento de las Rosas donde se educaban muchas niñas nobles de la Nueva España. Ella podía ser maestra, pues dada su posición social y sus caudales, había aprendido toda la cultura de su tiempo. Tocaba el órgano, la clave y la guitarra admirablemente; las labores femeniles de bordado en lino y en seda con hilo y con sedas de colores la habían hecho famosa; tejía como la araña, encajes de una finura y primor incomparables; cantaba como ruiseñor; leía y escribía gallardamente. En fin, era una maestra consumada.

Había enviudado joven y sin familia y no quiso ver expuesta su hermosura, que era mucha, a los embates del mundo y las pasiones que siempre se ensañan contra las viudas. No quería tampoco contraer segundas nupcias; porque sabía que aunque ella era todavía joven y la hermosura no la había abandonado, sus pretendientes más bien querían casarse con sus caudales que con ella. Y así decidió enclaustrarse.

Era de majestuosa presencia. Como ella, todas las damas de su familia habían tenido un talento superior y una cultura nada común aun entre los miembros de su clase. Había heredado la barba partida y los hoyuelos en los carrillos de los Moncada. Su color era levemente moreno y sonrosado. Su piel limpia y fina como pétalo de azalea, mostraba a las claras la pureza de sus costumbres. Sus ojos negros y brillantes con sus cercos de pestañas crespas, nadaban como en un mar de luz. Sus labios delgados y purpúreos como herida recién abierta. Sus dientes como dos sartas de perlas. Su hablar cadencioso, mesurado y pintoresco. Reservada, prudente y oportuna. En fin, adornada de cualidades no comunes que mucho aprovecharían a las educandas de Santa Rosa.

Mas entre todas esas cualidades que brillaban como estrellas en un cielo despejado y sereno, había un defecto y era el amor que tenía a un mastín grande y poderoso, de la raza que crió con grande y decidido empeño el emperador don Carlos V en España y los Países Bajos. Un mastín flamenco, respetable y bravo como pocos. Capaz de ahuyentar con sus ladridos al agresor más audaz y valiente. Capaz de destrozar con su doble dentadura a un hombre como a un lobo, si se le ponían delante en actitud agresiva. Por el contrario, a las mujeres que veía con cariño, casi con respeto, las halagaba con los ojos y con la cola, parándose en las patas traseras y echándoles sus manos en los hombros. A ninguna ladraba ni mucho menos mordía, y sí las cuidaba con celo, librándolas de cualquier desaguisado. Se llamaba *Pontealegre*, comía mucho y no se despegaba un momento de su señora. Lo trajo consigo de España y lo llevó al convento.

Allí era el regocijo, aunque ya estaba viejo, jugaba con las religiosas y niñas a la hora de recreo. Cómo corría hasta sacar la lengua de dos cuartas, cómo saltaba para alcanzar con el hocico la piedra que le tiraban, qué vueltas daba como rehilete cuando alguna colegiala le agarraba la cola, poniéndole algún colgajo de papel o bolita de merino. Se volvía chiquito cuando jugaban con él. Era, además, el azote de las ratas. No dejaba una con vida de día o de noche, en la huerta o en las bodegas. Por lo cual se hizo querer mucho por la comunidad de Santa Rosa.

Había en el colegio en esa misma época una joven educada que procedente de Guadalajara recibía su instrucción allí. Era bella sobre toda ponderación: de estatura regular frisaba en los quince abriles. Le llamaban Remedios de la Cuesta. Era blanca como pétalo de azucena; rubia como el oro; de ojos azules como el cielo. De talento claro y de carácter apacible y sereno. Aún existe el amplio mirador del Colegio de las Rosas. Desde el ábside de la iglesia y a lo largo del frente hasta la esquina, corre una arquería de columnas monolíticas, defendidos los intercolumnios con barandales de hierro labrado a martillo.

Entonces, como no había tanta casa de altos, se gozaba desde allí un hermoso panorama. Por encima de las casas se veía la loma de Santa María de los Altos y las altas y azules serranías que dibujan por el sur el horizonte de Morelia. A ese mirador salían los jueves y los domingos a solazarse las alumnas y por lo mismo no faltaban ya en la plazuela, ya en las esquinas de las calles adyacentes, muchos galanes que miraban a las colegialas con tiernos y enamorados ojos.

Era la primera vez que salía al mirador Remedios de la Cuesta y después del asombro general, llamó la atención del garrido alférez don Julián de Castro y Montaño, hijo segundo de don Pedro de Castro y Montaño, conde único de Soto Mayor. Este joven militar que había empezado su carrera sirviendo al rey en África, vino a Valladolid desde España a visitar a su familia que hacía tiempo allí estaba radicada, por motivos de agricultura. Se enamoró perdidamente de Remedios y decidió escribirle en seguida. Ella no quiso ligar todavía su voluntad ni mucho menos su vida con los lazos inquebrantables del matrimonio. Su rotunda negativa excitó la cólera del alférez que no estaba acostumbrado a esos menosprecios y sin más ni más se decidió a raptarla del colegio como en aquel entonces se estilaba, para lo cual tomó a fuerza de dinero todos los datos conducentes.

Era una oscura y silenciosa noche de invierno. Era tal el frío que poco faltaba para que comenzase a helar. Las estrellas relucían centelleantes sobre el negro fondo del cielo. Los perros estaban ateridos de frío y no ladraban para nada. El aire quieto y envuelto en sombras invadía las calles que conducían al colegio. En tanto un grupo de hombres con careta y con linternas que mal se ocultaban entre los anchos pliegues de sus capas, marchaban cautelosos por detrás del colegio a lo largo del muro altísimo que lo circunda. Una vez llegados a la puerta falsa que aún se conserva tapiada, uno de ellos hace saltar el pasador de la cerradura con la punta de su daga toledana, y se abre la pesada puerta chirriando en sus enmohecidos goznes. Entran silenciosamente de uno en uno hasta cinco enmascarados, guiándolos el que parecía mandarlos, y no era otro, visto a la luz de las linternas que brillaban como fuegos fatuos, que don

Julián de Castro y Montaño. Cerraron tras sí la puerta y se encaminaron paso a paso por entre las calles de la huerta, envuelta en sombras y en perfumes de violeta y arrayán. No habían andado mucho cuando *Pontealegre* los sintió, lanzándose como un león sobre ellos. No esperaban el ataque furioso del perro. Se retiraron un poco para mejor combatir con sus espadas desnudas, pero el perro que erizado parecía colosal entre las sombras, se lanzó contra don Julián mordiéndole la yugular. Un torrente de sangre brotaba de su cuello destrozado.

En cuanto los otros vieron a su jefe muerto acometieron por todos lados al valiente perro, dejándolo traspasado de heridas al lado del desdeñado amante de Remedios de la Cuesta. Huyeron los acompañantes del alférez sin dejar más rastro que los dos cadáveres tendidos sobre el césped cubierto del rocío de la mañana.

Ésta había llegado alegre y bulliciosa. Las campanas de los templos gritaban como locas, llamando a los fieles a las misas de aguinaldo. Los pájaros cantaban como pidiendo en voces melancólicas la retirada del invierno y la pronta llegada de la tibia primavera, para comenzar a edificar sus nidos. Religiosas y alumnas desperezándose al toque de la campana del colegio, se encaminaron en filas al coro del templo para asistir a la misa de aguinaldo. Los churriguerescos colaterales brillaban como ascuas de oro a la luz de las ceras que ardían en las arañas de cincelada plata. Las blasonadas puertas de la iglesia, abiertas de par en par daban paso a los fieles que iban inundándola. Al lado del evangelio sobre una mesa cubierta de rico brocado de oro sembrado de rosas de Alejandría, se destacaban los peregrinos, caminando sobre un prado de musgo, en dirección a Belén. La Virgen iba sentada en una burrita vivaracha de brillantes ojos de esmalte y orejitas muy erguidas y cruzadas, como si temiese algún peligro. A su lado, José, empuñando a guisa de báculo una vara florida de plata, cubierta la cabeza con sombrerito de paja. Por delante el arcángel vestido de lujoso traje de oro y seda llevando en la mano la brida de la burrita. Y todo el grupo a la sombra de una frondosa palmera. En el cuerpo de la iglesia infinidad de farolillos venecianos de colores entre flotantes guedejas de heno pendientes de hilos invisibles, se mecían en el ambiente como luciérnagas. Empieza la misa entre nubes de incienso y sonoros acordes de órgano acompañados del estruendo de las panderetas, de los cascabeles, de los pajaritos de agua y de los chinescos de los niños. ¡Cuánta alegría en los semblantes y cuanta paz en el corazón! Llegan los momentos en que el sacerdote inclinándose sobre el altar consagra el pan y el vino. Entonces, cesa el ruido, calla el órgano y se prosternan los fieles entre las blancas nubes de incienso que brotan de encendidos carbones de los incensarios de oro. Pero al acabar de alzar la hostia y el cáliz, se desata el órgano en un torrente desbordado de acordes sonoros y brillantes que de eco en eco se van repitiendo en los ámbitos de la iglesia, hasta perderse en el espacio.

Termina la misa, cuando cunde por todo el convento que *Pontealegre* ha matado en la huerta por la noche a aquel señorito apuesto y gallardo que perseguía a Remedios y que de seguro se metió furtivamente en la huerta con no muy buenas intenciones. Mas el propio perro había sido muerto en el combate por multitud de heridas que bien a las claras demostraban la presencia de otros hombres que acompañaban al alférez. La superiora que ya lo era doña Juana de Moncada, dio pronto aviso a las autoridades virreinales acerca del suceso para que hicieran las averiguaciones del caso, que conmovió tanto a los pacíficos y nobles moradores de Valladolid.

En cuanto acabó en el convento el bullicio de la autoridad por haber sacado el yerto cuerpo del joven alférez, las religiosas y las alumnas hicieron los correspondientes funerales al salvador de Remedios y del colegio, al famoso *Pontealegre*. Y como un monumento a su memoria erigieron la columna de granito rojo en medio de la fuente tapizada de brillantes azulejos de Talavera de la Reina, sobre cuyo capitel jónico se destaca un perro fantástico, por cuyas entreabiertas fauces sale un borbollón de agua fresca y cristalina, cayendo espumosa en la taza de la fuente que murmura entre el follaje tranquila y cadenciosa.

El Tesoro del Obispado Viejo

El Obispado Viejo del cual apenas quedan las señales, era un verdadero palacio colonial cuya ruina comenzó hace medio siglo. El jaramago, verdadera flor de las ruinas, la maleza y las campanillas azules pueblan sus patios cubiertos de escombros. Aquí, los muros ennegrecidos, manchados de musgo; allí, capiteles y fustes de columnas rotas y tiradas por el suelo; allá, el oratorio con sus bóvedas agrietadas y sus puertas esculpidas coronadas de escudos con cimeras flotantes de hiedra.

El búho, la lechuza, el murciélago y la lagartija, eran los únicos moradores de esas ruinas, hasta que un día se presentó un alfarero que las arrendó, para establecer allí una fábrica de loza vidriada y azulejo de colores, hizo estanques en el sitio donde estuvo la huerta para echar a podrir la arcilla, construyó hornos, contrató operarios, llenó de leña los cuartos que había en buen estado aún y en seguida se comenzó el trabajo con tal ahínco que en breve pobló los mercados de loza y las cúpulas de azulejo.

Este maestro alfarero era más bien buscador de tesoros que hacía tiempo sabía que allí, en el Obispado Viejo había enterrado desde la guerra de independencia, un tesoro que superaba a toda ponderación y que él quiso buscar so pretexto de poner allí la alfarería. Había oído que en la noche del Jueves Santo, pasaban en aquellas ruinas cosas maravillosas que sin duda se relacionaban con su intento y a todo trance quiso presenciarlas llegado el caso. Mas antes, no dejó de hacer sus pesquisas que siempre resultaron infructuosas. De noche, cuando todo callaba, menos el graznido de la lechuza y el ronco gemido del búho, el alfarero se entregaba a las excavaciones con el mayor silencio y sigilo, ya debajo de la ancha escalera sin peldaños, ya en el maltrecho pavimento de la biblioteca, ya en la fuente seca de la huerta, ya al pie de un añoso fresno rodeado de retorcidos y viejos limares, ya en este o en aquel muro macizo donde había sonado hueco, al golpear con el mango del zapapico. Pero jamás encontró sino pedazos de tibores, fragmentos de vidrio, cueros y otras baratijas de ningún valor ni importancia. Cuando los operarios le preguntaban la razón de aquellos escarbaderos, contestaba que eran para proveerse de barro, pues no lo había en ninguna otra parte de mejor clase, aunque no los dejaba convencidos. "Es un hombre misterioso", decían, "quizá un brujo que anda buscando dinero enterrado que muy bien pudieron haber dejado aquí los gachupines cuando fueron expulsados del país". Los vecinos del templo del Carmen que oían de noche el acompasado golpear del zapapico, se asomaban por las hendeduras del portón o por las grietas de los muros y le veían fatigado y sudoroso cava y cava, a la escasa y rojiza luz de un mechero de ocote y manteca que daba al cuadro un aspecto fantástico, produciendo tonos calientes y sombras movedizas.

Llega por fin la ansiada noche del Jueves Santo. La luna llena había subido hasta la mitad del opalino cielo, derramando su luz melancólica y tibia sobre aquellas pavorosas ruinas. El alfarero sentado en una basa rota con los codos en las piernas y la cara entre las manos, aguardaba impaciente la hora precisa en que comenzaba el prodigio. Sonó lentamente el reloj de la catedral, una, dos, tres, cuatro agudas campanadas y después, la una de la mañana, y ¡oh prodigio inenarrable! Comenzaron a afirmarse los cimientos del palacio, a colocarse las basas, las columnas, los capiteles y los arcos en sus lugares; se rehicieron muros y techos, se iluminaron los salones, se colgaron los paños de tapiz, aparecieron los blasonados sitiales como en los tiempos de fiestas y de recepciones episcopales. Del salón del trono salió un obispo a quien seguían unos pajes cargados de cofres forrados de cuero prendido con tachuelas de cobre dorado y abrazaderas de hierro. Bajaron la empinada escalera de mármol y se dirigieron por los anchos corredores del piso bajo hacia un cuarto que coincidía con el esquinar del palacio y en el cual el alfarero había puesto su estancia. Éste, que se había levantado maquinalmente de su asiento, seguía y presenciaba aquella extraordinaria escena con aterrados ojos. Los pajes, dejando en el suelo los cofres, despejaron el cuarto de los muebles que tenía y que eran un dosel de terciopelo rojo con franjas de oro, un sillón blasonado y una mesa torneada, sobre la cual había un crucifijo de marfil amarillento.

En el lugar donde se ostentaba el dosel cavaron un poco y después de haber removido una enorme losa armada de dos argollas de hierro de cada uno de los extremos, bajaron por una escalinata a un subterráneo oscuro y profundo que se vio iluminado repentinamente por las hachas encendidas que los pajes llevaban en las manos. Al ser las sombras heridas por la temblona luz de las hachas, se dibujaron en las paredes sarcófagos sobre los cuales había borrosas inscripciones. Sobre el pavimento pusieron los cofres y para revisar los objetos en ellos encerrados, los abrieron y en una mesa que allí había, fueron poniendo uno a uno los ornamentos sagrados y las alhajas. Ternos toledanos recamados de oro, plata y seda; ternos florentinos bordados de imaginería; capas pluviales, frontales, almaizales y palios suntuosos; mitras cuajadas de perlas, báculos, pectorales, incensarios y vinajeras de oro esmaltado; relicarios de plata cincelada y dorada a fuego; anillos pastorales con esmeraldas, amatistas y brillantes. Después de haber tomado nota de tanta riqueza, fue de nuevo guardada en los cofres y cerrados éstos con llaves de hierro cincelado. Salieron uno tras otro el obispo y los pajes, dejando caer sobre la entrada del subterráneo la pesada losa provista de dos argollas de hierro en sus extremos. En aquellos instantes volvieron a desplomarse con gran estrépito los techos artesonados, los muros, los arcos y las columnas; nació y creció por encanto la colosal y exuberante vegetación que antes había esmaltado las ruinas.

El alfarero aturdido y aterrado volvió en sí a los primeros rayos de un sol primaveral, sentado aún en la basa rota con los codos en los muslos, la cara entre las manos, y el rocío en la cabeza calenturienta y desvanecida. Las campanas de las iglesias resonaban en sus torres, llamando a oficios. La gente iba y venía afanosa para contemplar los pasos dolorosos de Cristo en aquel Viernes Santo cubierto de flores y de los perfumes de la primavera.

En una semana desapareció de las ruinas del obispado viejo el alfarero, sin saberse más de él, quedando sólo para memorias los muros ennegrecidos y las bóvedas ahumadas por el espeso humo de los hornos de la alfarería. La gente extrañando que de nuevo quedasen desiertas las ruinas, exclamaba con frecuencia: ¡Qué va..., el alfarero sacó el tesoro y se fue con él a disfrutarlo!

Salvador

El Santo Cristo de las Alhajas

Los caciques de Pátzcuaro, don Mateo y don Antonio de la Cerda, erigieron a la Virgen de Cosamaloapan una capilla al sur de Valladolid más acá del río Chico, en acción de gracias por grandes beneficios recibidos de su liberal mano. El sitio no podía ser más pintoresco. Al oriente, los pueblos de la Concepción y de San Pedro, asentados entre frondosos árboles; al sur, el riachuelo serpenteando entre las sementeras y las sombras de robustos sauces; por el poniente, verdes lomeríos y admirables puestas de sol. Al norte, la naciente Valladolid mostrando sus casas señoriales. ¡Qué lugar más adecuado para una casa de oración, para un monasterio!

Paseando un día por aquellos contornos con su única hija doña Clara, don Ramiro Ortiz de la Cerda, descendiente de aquellos caciques patzcuareños fundadores de la capilla dedicada a la Virgen de Cosamaloapan determinó gastar un poco de sus caudales en levantar allí un templo a Dios y un claustro para su hija, que había dado muestras evidentes de una vocación decidida a la vida religiosa, y que no perdía ninguna ocasión para venir sola o acompañada de su padre a pedir a la Virgen en su ermita el auxilio necesario para llevar adelante su propósito.

Era Clara un tipo de raza mestiza. Corría por sus venas la sangre de los Caltzonzin y de nobles castellanos que le daban a su carácter la dulzura de los unos y la entereza de los otros. Desplegada la flor de su belleza, la ocultó siempre lo más que pudo a la mirada de mil amantes que rondaban su casa y a quienes jamás abrió su reja. Como pasaba largas temporadas en la corte del virreinato alojada con sus tías en el convento de Corpus Christi de México, aprendió desde muy temprano a seguir escrupulosamente los consejos evangélicos de pobreza, castidad y obediencia que las monjas de Corpus Christi observaban con tanta severidad y pureza. Clara deseaba ardientemente meterse de monja en Corpus Christi, jardín cerrado donde florecían las más excelsas virtudes; pero don Ramiro, para no alejarse de su hija determinó más bien que se fundase a su costa en Valladolid el convento de Capuchinas en un todo semejante a Corpus Christi, lo cual se consiguió a principios de la décima octava centuria. Felipe V, por real cédula fechada en el Pardo el

14 dc marzo de 1734, concedió el permiso para la creación del nuevo monasterio en la noble y leal ciudad de Valladolid, hoy Morelia.

La iglesia y el convento se construyeron en el mismo sitio donde estaba la capilla de Nuestra Señora de Cosamaloapan y las religiosas fundadoras se trasladaron al convento saliendo del monasterio de Santa Catalina donde estaban alojadas, yendo en procesión con grande acompañamiento de clero, nobles y pueblo, presidida por el doctor don Marcos Muñoz de Sanabria, arcediano de la Santa Iglesia Catedral. Danzas que representaban moros y cristianos, conquistadores y conquistados con sus ricos y vistosos trajes abrían la procesión. En seguida, los religiosos de las distintas órdenes invitados para tan solemne acto. Después, las religiosas fundadoras, entre ellas la novicia Clara Ortiz de la Cerda, cuyo rostro angelical brillaba de contento al ver llevados a cabo sus más ardientes deseos. Luego, la santa imagen de Cristo Crucificado en una cruz tapizada de espejos al estilo de entonces, para ser colocada en uno de los churriguerescos colaterales de la iglesia, y que fue apellidado así desde entonces: el Señor de Santa Clara y después, el Santo Cristo de las Alhajas. Por fin marchaba el arcediano y su acompañamiento. El aire resonaba con el alegre clamoreo de las campanas y los truenos de los innumerables cohetes que lo hendían por todas partes, como serpentinas de luz chispeante. Los balcones, puertas y ventanas adornadas con frescas y fragantes flores y con tapices y policromos mantos de china, dejaban ver lindos rostros agrupados para contemplar la procesión solemne.

Después de muchos años, en cuanto se acabó el templo y fue coronado con su hermosa y elevada torre y se tallaron y doraron magníficamente sus retablos por el estilo de Churriguera, se colocó el Santo Cristo de las Alhajas en el altar que se labró en el crucero del evangelio. Lo particular de este crucifijo era, aparte de su hermosura, que la peana era un precioso alhajero forrado de carey, hueso y nácar con aplicaciones de plata. Dentro del muy amplio alhajero había multitud de secretos en donde conforme van profesando las monjas, se iban guardando ahí por devoción las joyas más o menos valiosas de que se despojaban. Sartas de perlas, sortijas con diamantes, esmeraldas y rubíes, gargantillas de oro, arracadas y aretes de oro y piedras preciosas, agujas y prendedores de incomparable riqueza artística, conforme a la antigua joyería y cada cajita secreta llevaba el nombre de la profesa que allí dejaba para siempre las galas del mundo. De aquí que, como esto era muy sabido y la soberana imagen muy milagrosa, todo el mundo acudía a ella en sus aflicciones y le llamaba el Santo Cristo de las Alhajas. Además, la ensortijada cabellera negra que el crucifijo llevaba en la cabeza era la misma que la abadesa del convento había cortado solemnemente a Clara Ortiz de la Cerda el día de la toma de hábito.

Estas dos circunstancias, la de los cabellos de Clara y de las joyas de las monjas dieron margen a dos curiosas leyendas.

La primera leyenda es la de la fiesta del Santo Cristo de las Alhajas que se celebraba constantemente el primer viernes de cuaresma. Entonces el templo se convertía en verdadera ascua de oro. Cantos solemnes resonaban en el coro repercutiendo de eco en eco en las bóvedas del santuario. Las nubes de oloroso incienso envolvían la rutilante custodia que brillaba en medio de ellas como estrella de primera magnitud. Las voces de los fieles entrecortadas por la mística emoción hacían el murmullo de las abejas que labran los panales de sabrosas y perfumadas mieles. Los áureos paramentos de recamadas telas toledanas destellaban heridos por los centenares de luces que ardían en los altares y en las arañas de cobre dorado a fuego que pendían de la cúpula y de las bóvedas. La santa imagen del Cristo de las Alhajas ostentándose soberana bajo dosel de terciopelo de Génova color de madura fresa, todo lo señoreaba, y atraía todas las miradas de los fieles y arrebataba los corazones.

En uno de estos días, habían terminado ya los solemnes cultos. El olor de cirios apagados se difundía por el ámbito del santuario, no brillaba otra luz sino la de la lámpara como fuego fatuo perdido en la oscuridad.

El sacristán hacía ruido con las llaves para ahuyentar al último fiel que todavía no acababa sus rezos. Sin embargo, un joven de apuesta catadura se ocultaba sigilosamente dentro de un confesionario de admirable talla que estaba situado debajo del coro. Fueron cerradas con llave las puertas del templo, quedando todo sumido en la soledad y el silencio. Entonces sale cautelosamente de su escondite el joven que no era otro sino don Juan Bautista Gómez, hijo de un noble y acaudalado agricultor residente en Valladolid hacía largos años y que prendado más que todos de la belleza de Clara, y perdida ya la esperanza de hacerla su esposa, quería tener solamente un valioso recuerdo de su adorada, arrancando su cabellera a la cabeza del Cristo de las Alhajas. Sube temblando al presbiterio, alza la diestra para apoderarse de la cabellera, cuando el Señor desclavándose una mano, cogió por los cabellos al atrevido joven, que sin más ni más cayó de espaldas desmayado hasta el día siguiente en que arrepentido divulgó el suceso.

La otra leyenda es la de las alhajas. Durante la primera exclaustración que sufrieron las religiosas, el templo de las Capuchinas quedó casi desierto, cerrado por algunos días. En su recinto habían cesado los cantos litúrgicos, las lámparas se habían extinguido y por la noche en vez de la sonora voz de la esquila que llamaba a *maitines* al mediar la noche, solamente se escuchaba el ronco reclamo del búho. El aroma se había evaporado. Un silencio profundo reinaba en el claustro.

Así las cosas, una noche lóbrega, noche de tormenta, en que el viento zumbaba, las nubes relampagueaban y repetidos truenos ensordecían, un hombre ocultándose cautelosamente entre las sombras se acercó al costado del templo y lanzó con poderosa mano un gancho atado a una cuerda hacia uno de los ventanales, quedando el gancho atorado y la cuerda colgando. Ágilmente se subió, rompió los cristales de la ventana y luego se perdió entre la oscuridad del templo.

A la débil claridad de una vela que encendió, después de haber sacado la chispa del pedernal y prendido la pajuela de azufre, se acercó a la vitrina donde estaba encerrado el Santo Cristo de las Alhajas, rompió el cristal y se lanzó como ave de rapiña hacia la peana en busca de las alhajas, pero ¡oh sorpresa, las alhajas no estaban ya guardadas ahí! Entonces decepcionado, enojado, se arrojó contra la soberana imagen para destruirla en un acto de furor insensato, pero en aquel momento una apoplejía le paralizó medio lado del cuerpo. Por muchos años arrastró su pierna por las calles de Morelia, contando el suceso, arrepentido de su indigna hazaña.

Después de todo, hace muchos años que no se habla más de estos sucesos. Todas las cosas van poco a poco desapareciendo a medida que dan sus pasos al tiempo, para hundirse en el abismo de la nada. El olvido, flor que abunda en los campos de la vida, lo cubre todo para siempre. Estos hechos fantásticos, consignados en esta leyenda, sólo servirán de divertimiento a los que gustan de las imaginaciones curiosas y brillantes.

Vengan por su Medio

Había en tiempos pasados al norte de Valladolid, hoy Morelia, un pueblo de pocas almas llamado De los Urdiales, con su iglesia churrigueresca y su cementerio poblado de cipreses, en torno del cual se sembraban los campos vecinos que se extendían aquende y allende el río Grande. El panorama era incomparable.

El altísimo Quinceo hundiendo su cumbre entre las nubes, sirve de fondo al paisaje. Acá y acullá los sauces y fresnos mirándose en el limpio espejo de las aguas del río que corre manso de oriente a poniente. Los campos del valle coronados de doradas espigas y esmaltados mirasoles, rosas de San Juan, estrellas de San Nicolás y de Cinco Llagas. Las puestas del sol tras las cadenas de azules montañas, encendiendo las nubes y tiñéndolas de oro y grana, dan al ambiente una trasparencia que encanta y subyuga el alma.

Allí vivía en cómoda casa señorial el administrador de la Hacienda del Quinceo que dista muy poco de ese lugar. Era don Juan de la Cadena Frigueros, de esos hidalgos arruinados que se venían a la Nueva España a trabajar para reponer sus caudales ya por medio del trabajo, ya contrayendo matrimonio con la única hija del hombre dueño de una hacienda rica, que era lo más frecuente. En este caso se hallaba Frigueros. Había sido ocupado en calidad de administrador, a poco de haber llegado de España, por don Pedro de la Coruña, conde de la Sierra Gorda, residente en Valladolid.

Tenía don Pedro una hija como unos oros de bonita. Alta, delgada, rubia, de ojos azules, mejillas como pétalos de rosas, flexible, esbelta como una palma, de alma pura y delicada, de serena y musical palabra, diestra en las labores de mano como en el cuidado de su rango y de su casa. Don Pedro se miraba en la niña de sus ojos y la cuidaba en extremo. Pocas tertulias y muy escogidas, raras salidas a pie, casi sólo para ir a misa y al coro del vecino Templo de las Rosas. Muchos paseos por los pintorescos alrededores de la ciudad, pero en coche y sin detenerse, constituían la sal de la vida de doña Luz de la Coruña, condesa de la Sierra Gorda. El iluso administrador Frigueros había puesto sus atrevidos ojos en la belleza de su noble señora, sin ver que aparte de ser un pobrete, su alcurnia distaba mucho de la de doña Luz y que por tanto, para pretenderla, era preciso cuando menos contar con una fortuna igual a la suya, si no con la misma nobleza. Para obtener esa fortuna no perdía medio lícito o ilícito. Sembraba y cosechaba abundantes mieses que luego vendía oportunamente caras en el mercado. Criaba y cebaba ganado de donde sacaba pingües ganancias. Cultivaba una hermosa raza de caballos Árabes que había traído de España y que en todas las ferias del país vendía a los mejores precios. Prestaba dinero a rédito bastante elevado quedándose luego con los ranchos o las casas que servían de garantía, en caso de no poder el deudor pagar el dinero prestado. Mas no era esto todo ni lo más grave, sino que por mucho tiempo por esto o por aquello, había rebajado en las rayas de los peones de la hacienda que administraba, medio real. Al señor conde le decía que aquel medio era un ahorro que cada peón quería hacer para casarse, curarse o satisfacer cualquiera otra necesidad que a lo mejor se ofreciese. Y enseguida aquel dinero iba a dar a la usura.

De modo que al cabo de algún tiempo, logró hacer un caudal bastante considerable para poder presentarse como pretendiente a la mano de doña Luz de la Coruña, condesa de la Sierra Gorda.

Sin embargo, el pobre administrador, aunque hidalgo de la montaña de Santander, no podía presentar títulos que compitiesen con los claros timbres de los señores de la Coruña. Así es que cuando intentó pedir al señor conde la mano de su hija, le fue negada rotundamente a pesar de sus caudales y no sólo eso, sino que hasta fue destituido de la administración de la hacienda. Este desengaño le impresionó tanto que poco a poco fue languideciendo Frigueros, hasta que cayó en cama preso de mortal dolencia. Recibió los últimos auxilios espirituales y antes de que pudiera restituir lo que había quitado injustamente a los demás, falleció en una noche de tormenta.

Pasó algún tiempo. Los herederos del administrador Frigueros vendieron su herencia para volver a España, dejando la casa señorial que ocupaban en el pueblo De los Urdiales. Todo el mundo la designaba con el nombre de *La Casa del Usurero*. De entonces acá estuvo siempre cerrada con su zaguán herrado, mostrando amenazantes mascarones de enmohecido bronce. Mas en las noches de tormenta, cuando el viento zumbaba entre los árboles y cipreses del cementerio, cuando las nubes derrochaban torrentes de destructora agua, se iluminaba la casa, se abría el zaguán herrado y aparecía la sombra de Frigueros montado en su caballo blanco y gritando con una voz apagada y fría: "¡Vengan hombres, por su medio!", y así caminaba hasta el Quinceo gritando y más gritando, sin que nadie acudiese a su fúnebre reclamo.

Al cabo de una hora volvía a la casa De los Urdiales al sonar en el viejo reloj de la catedral la una de la mañana. Se metía en la casa dando su último destemplado grito al viento y cerrándose tras de él, rechinando en sus goznes las puertas herradas con sus amenazantes mascarones de oxidado bronce.

AGUASCALIENTES

El Callejón del Tesoro

¿Quién no conoce en Aguascalientes la leyenda de "El Callejón del Tesoro"?, pero pocos conocen la historia de este pasadizo en donde un forastero fincó una casa, y se bordó una fábula, convirtiéndose en una de las epopeyas que se cuentan y forman parte de las tradiciones de la Villa de la Asunción de las Aguascalientes. Como me lo platicaron, se los cuento. Nos dijo Alfonso Cabeza de Vaca, un hombre serio que pasa de los ochenta años, que su abuelo platicaba un sucedido que llenó de espanto a Aguascalientes, un carro fantástico que recorría la ciudad a media noche.

Dos caballos blancos jalaban el carruaje que era guiado por un espectro vestido también de blanco, andaba por las calles haciendo escándalo; despertando al vecindario aquel "carro del demonio", que parecía que anunciaba una desgracia. Todo mundo hablaba del suceso; algunos aseguraban que el coche, jalado por dos colosales caballos, lo conducía una bella mujer, que al parecer estaba perturbada de sus facultades mentales, y como desahogo, sus familiares le permitían recorriera la Villa por las noches, para no ser reconocida, ya que ni amigos ni parientes lejanos sabían el secreto de una de las familias más acomodadas de la Villa: que tenían una hija demente.

Las versiones eran diferentes, se hablaba mucho del suceso y cada persona inventaba una versión, el caso es que cuando caían las sombras de la noche, los parroquianos comenzaban a sentir temor. Los hombres con disimulo cerraban con llave las puertas de sus casas, las mujeres los postigos y apagaban las velas para que no se fuera a ver la menor luz y se aseguraban que los niños estuvieran dormidos para que no se dieran cuenta de este hecho diabólico que tenía intrigada a toda la población y que nadie se atrevía a enfrentarlo.

Todos esperaban con pánico aquel ruido que se escuchaba a lo lejos y que se iba acercando hasta pasar frente a las casas, el que se perdía después y nadie sabía para dónde se diluía, el

85

hecho era que al día siguiente volvía a pasar, ante el azoro de todos. Muchos hombres que por necesidad tenían que trabajar de noche, al venir aquel carro que parecía que andaba solo, caían privados, otros trasnochadores al escuchar el ruido de las patas de los caballos que pegaban en el empedrado, caían de rodillas y rezaban a gritos. Se cuenta que algunas personas perdieron la vida al oír el "crujir de aquel coche fantástico en polvorosa armonía con las pisadas de los colosales caballos".

Pero a ciencia cierta nadie sabía realmente de lo que se trataba, se hacían miles de conjeturas, lo cierto es que el terror se apoderó de los habitantes de la Villa. Los sacerdotes regaban agua bendita por todos lados, había peregrinaciones por las calles, pero cuando menos se lo esperaban, aquel carro del demonio salía por alguna arteria, recorría la ciudad y se perdía entre la bruma de la noche.

Cuenta la leyenda que don Narciso Aguilar, un hombre inmensamente rico, vivía en la ciudad de Guadalajara con su familia. Tenía fabulosos negocios a los que les dedicaba la mayor parte de su tiempo. Un día su mujer al sentirse sola y no contar nunca con su marido, decidió tener un amigo para hacer menos triste su soledad. Al enterarse don Narciso del engaño de su mujer, en vez de hacer un escándalo y lavar con sangre su honor, pensó alejarse de la ciudad para siempre, buscando un lugar en donde nadie pudiera encontrarlo. Sabía que Aguascalientes era un lugar tranquilo y hospitalario donde se podría vivir con tranquilidad y eligió esa villa para pasar los últimos años de su vida y olvidar la traición de su mujer.

Don Narciso Aguilar tenía un amigo de la infancia, un hombre bondadoso que por muchos años había trabajado con él y el único al que podía confiarle su secreto; le platicó su plan y lo invitó para correr con él la aventura, ya que era una persona solitaria, entrado en años y soltero. Los dos llegaron a la Villa de la Asunción de las Aguascalientes y después de recorrer la ciudad, encontraron un callejón, apropiado para lo que querían, y sin más compraron varias casitas casi en ruinas y don Narciso comenzó a construir su residencia, la única casa que se encontraba en el callejón que después se llamó del Tesoro.

Mientras construía la casa que llevó el número 13, don Narciso hacía constantes viajes a Guadalajara para ir trasladando poco a poco su cuantioso tesoro, que eran varias talegas de oro, lo que hacía a medianoche para evitar sospechas. Se cuenta que vestido de arriero y a lomo de mula, don Narciso trasladó su dineral y ayudado por su amigo Cirilo Castañeda, lo guardaron en la cocina de la casa que estaba junto al brocal del pozo frente a la puerta de la calle.

Al llegar a Aguascalientes los dos amigos, traían sendos caballos blancos, briosos y de alzada, así como un carro en donde habían traído sus pertenencias. Don Narciso y don Cirilo no conocían a nadie en el lugar, ni querían conocer. Se dedicaban a dirigir la casa que le hicieron unos buenos albañiles de la Escuela de don Refugio Reyes Rivas, el arquitecto sin título que hiciera el templo de San Antonio, y por la noche se aburrían mortalmente. Jugaban baraja, se tomaban sus copitas, pero... les sobraba tiempo, hasta que un día decidieron dar una vuelta por la ciudad, pero sin dejarse ver. Don Cirilo era quien guiaba el coche y para no ser reconocido, se vistió con una túnica blanca, que le iba desde la cabeza a los pies, y sólo había dejado dos rendijas para que se le asomaran los ojos. Don Narciso vestía un extraño traje pegado al cuerpo de color carne y una media en la cara. Él iba acostado en el coche para no ser visto. Todas las noches se disfrazaban, tomaban su carro y salían a recorrer las calles.

Cuando vieron que su paseo les causaba pavor a las personas, lo hacían con más ganas, sirviéndoles de diversión el miedo que les causaba a los parroquianos; mientras las gentes se privaban de espanto, ellos se "morían" pero de risa. Habían encontrado una gran diversión por las noches que al principio les eran mortalmente aburridas. Este recorrido lo hicieron por mucho tiempo, hasta que el pueblo se fue acostumbrando a ver y escuchar a este "carro del demonio" que resultó inofensivo.

Al ver don Narciso y don Cirilo que ya nadie les temía, dejaron de salir a realizar sus paseos nocturnos que por tanto tiempo tuvo inquieta a la ciudad, y así desapareció el temido "carro del demonio". Los dos amigos vivían solitarios en aquel callejón cuidando el tesoro de don Narciso Aguilar, así como a los caballos y burros que tenían en el traspatio. Se hablaba de dos viejitos ricos que vivían en el "Callejón del Tesoro", como le puso el vulgo. De pronto desapareció don Cirilo, nadie supo de su paradero. ¿Se peleó con don Narciso y se fue a Guadalajara? ¿Se murió de muerte natural? ¿Lo mató don Narciso por miedo a que lo robara?... Nadie supo. Don Narciso salía y entraba a su casa solo, siempre solo; no hablaba con nadie, cuando se escuchaba su voz era porque se dirigía a sus animales.

Se había corrido la voz de que en el Callejón del Tesoro, en el número 13, vivía un hombre solo, el que se dedicaba a cuidar un fabuloso tesoro. Esto llegó a oídos del famoso Juan Chávez, uno de los más grandes ladrones que ha habido en Aguascalientes. Una noche Juan Chávez quiso apoderarse del "entierro" de don Narciso y por asustarlo para que le dijera en dónde estaba el dinero, se le pasó la mano y lo mató. Y el dinero que por muchos años estuvo escondido en la casa número 13 de un callejón, pasó a manos de Juan Chávez y don Narciso pasó a mejor vida. La historia de Narciso Aguilar, el rico jalisciense, y su amigo don Cirilo Castañeda se olvidó, pero el nombre del "Callejón del Tesoro", todavía existe en la ciudad de Aguascalientes, nombre que resultó de una sabrosa leyenda.

El Caporal Ardilla

Muchas leyendas se hilvanaron alrededor del Marqués de Guadalupe, uno de los hombres más ricos de la Villa en el siglo XVII, se dice que sus dominios eran tan vastos que comprendían hasta una buena parte del sur del Estado de Jalisco. Se habla de él como un hombre enérgico, organizado, de una pieza. Pero a la vez bondadoso y justo, por lo que tenía la consideración y el respeto de sus empleados, a los que veía poco, sólo cuando recorría sus haciendas para recoger las cosechas y hacer recuento de su ganado que cada año aumentaba considerablemente.

En uno de sus más grandes ranchos, el marqués había puesto a su cuidado y administración a un hombre muy hábil, Resendes, el que conocía mucho de ganado y era un trabajador incansable a quien por su agilidad para todos los ejercicios ecuestres, llamaban los campesinos del rumbo "El caporal Ardilla". Resendes era persona agradable, así como le gustaba trabajar hasta agotarse, también se divertía de lo lindo. Era "fanfarrón, dicharachero, amante de los fandangos, coleaderos y rodeos", y mujeriego de ley. Los padres y los maridos cuidaban a sus mujeres, porque Resendes no dejaba a ninguna para comadre. Le gustaba derrochar el dinero, decía "se hizo redondo para que ruede..." y era tan espléndido, que las bailadoras y cantadoras se peleaban por estar cerca de él, así como los músicos que las acompañaban porque sabían les daban mucha plata.

No había fiesta o fandango en donde no estuviera presente, alegrando con su buen humor todos los sitios en donde él estaba. Por mucho que ganara un caporal no era posible que gastara así Resendes. Nadie se explicaba de dónde le llegaba tanto dinero para poder dilapidar fortunas enteras en una noche, y al preguntarle los peones cómo le hacía, con gran fanfarronada decía que el marqués lo compensaba con magníficas propinas por ser uno de sus mejores trabajadores y acrecentar considerablemente su ganado. Cuenta la leyenda, que por muchos años corrió como reguero de pólvora por toda la Villa de la Asunción de las Aguascalientes, que Resendes para poder gastar a sus anchas había hecho un pacto con el diablo.

El demonio le proporcionaba todo el dinero que necesitara, siempre y cuando que en un plazo fijado, se apoderaría de su alma. El trato fue hecho y como término pusieron el 24 de diciembre de 1870, es decir, la Nochebuena de ese año. El joven Resendes dio "rienda suelta" a sus impulsos y las juergas eran casi todos los días. Organizaba jaripeos, verbenas y fandangos. Los amigos y las amigas se multiplicaban y el dinero lo gastaba a manos llenas. Según la fábula, al acercarse la época de los herraderos "el marqués" iba a sus haciendas, donde pasaba la temporada del invierno, tanto para recoger las fabulosas cosechas, como para hacer el recuento de su ganado, presentando ante la vista del amo, enormes partidas de ganado vacuno y caballar e inmensos rebaños de cabras y carneros, con gran asombro de vaqueros que no se explicaban de dónde procedía tanto ganado.

Dentro del pacto que Resendes tenía con Satanás se había estipulado que los esqueletos de todas las reses que el caporal Ardilla vendía, sólo con sonar un cuerno como trompeta apocalíptica, las osamentas recobraban vida y como por arte de magia se reunían en los potreros en donde el amo iba con su ganado. Así pasaron varios años y Resendes gozaba de la vida, gastando a discreción y viviendo como un potentado, ante el asombro de los campesinos, que trabajaban de sol a sol y escasamente tenían para alimentar a su familia. Pero llegó el fatal día que tendría que presentarse ante el diablo.

Como en una película retrospectiva empezó a repasar su vida de disipación e inconciencia. Lloraba de angustia pues era irremediable su situación, la suerte la había echado y estaba a punto de cumplirse la fecha señalada. Ante la desesperación se le agudizó el ingenio y pensó pedirle una prórroga a Satanás, el que se estaba relamiendo al pensar que a pulso se había ganado el alma de Resendes. Al entrevistarse con Satanás le dijo que le diera más plazo por tener que cumplir con un compromiso con el marqués, ya que le había pedido hiciera una barda en toda la extensión de sus tierras y habiendo sido el de Guadalupe tan bueno con él, no podía negarse a esa petición.

También picándole el amor propio al diablo, le dijo que para él sería fácil ayudarle a realizar este cercamiento. Y dice la fábula que "Satanás creyendo que nada perdería con prolongar unos cuantos momentos el cumplimiento del pacto, le dijo que aceptaba la prórroga, pero con la condición de que si para la hora que cantaran los primeros gallos ya había terminado el vallado, inmediatamente cargaría con Resendes para dar con él en cuerpo y alma en el más profundo de los infiernos, si no, Resendes estaba exonerado del compromiso". Resendes, aceptó el reto y más pronto que inmediatamente, montó en el caballo más ligero de la hacienda, escogiendo de antemano el mejor gallo, que puso debajo de su brazo y emprendió la carrera por los montes, ahora sí, "como alma que lleva le diablo". Satanás tenía que ir haciendo la valla en la dirección que le iba señalando el caporal Ardilla.

Y ya para terminar la cerca y viendo Resendes que todavía faltaba para que amaneciera y comenzaran a cantar los gallos, apretó con su brazo al gallo que llevaba, y sin más empezó a cantar con todas sus fuerzas "kikirikí", gorjeo que fue contestado por todos los gallos de la región, lo que indignó al diablo y llenó de alegría a Resendes por haber logrado un triunfo. El caporal Ardilla había vencido al demonio, el que mordiéndose la cola echaba espuma por la boca de rabia pensando que había perdido ese round... Pronto volvería a caer Resendes por su desmedida ambición y entonces, no se le iba a escapar. Según la leyenda el caporal Ardilla no sólo estaba arrepentido de la vida de desorden que había llevado y de los tratos que había tenido con Satanás, sino que le pidió a Dios perdón, ofreciéndole su vida.

Contrito fue a buscar al marqués de Guadalupe, el que se encontraba en Aguascalientes. Le pidió la audiencia extrañándole a su amo que dejara abandonado el rancho. Algo muy grave le debía de ocurrir. Resendes hizo una confesión general a su amo, desde el mismo día donde lo había contratado como peón, hasta llegar a ser el caporal y en qué forma le robaba los animales ayudado por la fuerza de Satanás.

El marqués no decía palabra, sólo lo escuchaba. Ya más confiado, Resendes le platicó su terror cuando se acercó la fecha de la terminación del pacto, y cómo se las ingenió para pedirle una prórroga, platicándole que había burlado al diablo para que hiciera el cercado en sus propiedades, antes de que cantaran los gallos, y el truco de hacer lanzar su sonoro "kikirikí", con lo que definitivamente perdió el demonio. Al Marqués se le enchinó el cuerpo, no lo quería creer al ver la lealtad y serenidad con que su caporal hacía el relato y sabiendo que aquel hombre era vacilador, alegre pero derecho, le creyó. Sólo le pidió lo acompañara a conocer la valla que había hecho en unos cuantos minutos Satanás. Al verla, quedó pasmado.

Cuenta la leyenda que ante la evidencia de los hechos el marqués de Guadalupe perdonó a su caporal "lamentando únicamente que en tan mala hora se le hubiera ocurrido hacer cantar extemporáneamente al gallo, pues de otra manera habría tenido acotadas sus extensas propiedades sin costo alguno". Dice José Ramírez Palos que en cuanto a Resendes, "cuentan los viejos que me refirieron esta sabrosa historia, que desde ese día se recluyó en un convento de Lagos, donde constantemente estaba meditando sobre la resurrección de la carne y el juicio final, muriendo en olor de santidad, pero obsesionado por el sonido de la trompeta de San Jerónimo, que de continuo hería sus oídos llamando a los esqueletos de los difuntos a reunirse con su carne para comparecer ante el Juez Supremo en el tremendo Juicio Final".

El Cerro del Muerto

Sobre el Cerro del Muerto se han tejido varias leyendas, coincidiendo algunas en que en este montecillo se aparece un gigante que sale por las noches, recorre la ciudad y regresa, convirtiéndose en el guardián de Aguascalientes.

Otros cuentistas dicen:

—"A mí me contaron que en esa loma se esconden indios chichimecas negros como capulines, que al despuntar el alba, se dispersan por todo el cerro y en parejas bajan a la ciudad a 'pasito de indio', unos llegan hasta 'el pueblo' (el barrio de San Marcos), otros al Barrio de Guadalupe, unos más al del Encino y algunos a la Estación, hacen recuerdos y en la misma forma emprenden el regreso y desde el Cerro del Muerto cuidan la ciudad".

Una de las tradiciones más conocidas es que, el cerro del muerto tiene varias entradas y que en las entrañas, guarda uno de los más grandes tesoros acumulados por los indios de la región. Éste no ha sido explorado no por negligencia de los gobernantes, sino porque uno de ellos quiso hacerlo y no terminó su gestión por haber sido envenenado. Y por el miedo de correr la misma suerte, por la maldición de los chichimecas, la reserva de oro está "encantada", es intocable y se encuentra en el centro de ese mogote resguardada por los nativos.

Pero, ¿cómo se formó el Cerro del Muerto? Es otra de las fábulas que se cuentan y con gran sabor se van trasmitiendo oralmente.

Se dice que en ese lugar se reunieron los chichimecas, los chalcas, y los nahuatlacas, tratando de ponerse de acuerdo para establecerse en ese sitio y de allí para salir a diferentes lugares, siendo en ese punto el sitio de operaciones. Entre ellos había tres sacerdotes (uno por cada tribu), que eran extremadamente altos, fornidos, de aspecto majestuoso e imponente.

Después que deliberaron sobre lo que se tenía que hacer, y cuando ya estaba por ocultarse el sol, a uno de los sacerdotes, el de la tribu chichimeca, se le ocurrió bañarse en el charco de agua caliente de la "Cantera" y después de que se tiró al agua, desapareció.

"La Cantera", se le llama a un manantial de aguas termales en el Estado y según cuenta la leyenda existen muchos otros de estos "charcos", los que fueron "sembrados" por otras tribus anteriores, quienes querían "sembrar" agua, hacían un hoyo, le ponían agua de su guaje y medio "almud" de sal, lo tapaban y al transcurso de tres o cuatro años había un inmenso manantial de aguas sulfurosas. Así hicieron varios en la región y de ahí el nombre de Aguascalientes.

Al aventarse al agua el sacerdote y desaparecer, los chichimecas esperaron pacientemente que su señor apareciera en otro de los muchos charcos que había, pero... fue inútil, pasaron varios días y el sacerdote no regresaba. Se reunió la tribu y deliberaron:

¿Acaso los traicionarían los chalcas?

—No era posible, habían hecho un pacto y su honor estaba en juego.

Al no regresar el sacerdote en meses, no les quedó duda a los chichimecas que los chalcas lo habían matado y, enfurecidos, corrieron a dar aviso a sus compañeros para enfrentarse con sus enemigos.

Y así principió una guerra contra los chalcas, los que no supieron de qué se trataba, pues sin decirles "agua va", llovieron flechas por todos lados.

Los chalcas pidieron ayuda a los nahuatlacas, los que estaban de espectadores con su sacerdote al frente. No sólo no se unieron a ellos, sino que dieron la vuelta diciendo que el pleito no era con ellos.

Después de ponerse de acuerdo e indignados por la afrenta, los chalcas se dispusieron a repeler el ataque y "en los fulgores de la batalla y en lo cruento de la lucha", vieron con sorpresa que venía el sacerdote perdido. Ya no era posible retroceder y sin quererlo, una flecha atravesó el corazón del sacerdote de los chichimecas, el que les gritaba:

"¡Deténganse! Sólo fui a sembrar algunos charcos", pero no fue escuchado.

El sacerdote tratando de huir, con su sangre fue regando el camino y la huella del líquido todavía se puede ver en la tierra roja del montecillo. Quiso hablar con su gente, pero no pudo, sin decir palabra cayó muerto y con su cuerpo sepultó a todo el pueblo chichimeca que lo seguía. Con sus cadáveres se formó el famoso Cerro del Muerto que se encuentra al poniente de la ciudad de Aguascalientes.

Cuenta la tradición que el pueblo sepultado con el cuerpo del gigante, está allí en esa loma y que por un túnel misterioso se puede llegar a socavones ramificados por toda la población.

Se cuenta que algunos arqueólogos han tratado de explorar esa región, pero al hacerlo escuchan voces, lloros y lamentos que los han llenado de estupor y ha impedido que continúen las excavaciones.

Algunos valientes han querido descifrar el enigma del Cerro del Muerto, sin embargo, no pudieron contar lo que vieron, por quedar mudos, otros perdieron la razón y los más la vida.

El montecillo no está muerto, tiene vida por dentro por estar el alma de los chichimecas en ese lugar, cubierta por el sacerdote gigante y vigilando perennemente la ciudad de Aguascalientes... Y para que no se olvide que los primeros pobladores de Aguascalientes fueron los chichimecas, los chalcas y nahuatlacas.

La China Hilaria

En el barrio de Triana, uno de los más típicos de Aguascalientes, se han bordado toda clase de historias que al paso del tiempo se han convertido en sabrosas leyendas que se van pasando oralmente. Dicen que en ese lugar, el más castizo de la ciudad, precisamente en la calle de la Alegría, vivía una familia humilde, pero de buenas costumbres; los padres habían educado a sus hijos a la usanza de Aguascalientes del siglo pasado, en que los hijos besaban la mano y la frente de sus progenitores y con los ojos los mandaban sus padres. Hilaria, era la hija mayor de los señores Macías, que a más de ser una mujer muy hacendosa, era bella y tenía un donaire al caminar que parecía una reina.

Otra de sus virtudes era que le gustaba hacer obras de caridad, visitando diariamente a los enfermos y menesterosos, llevándoles consuelo y ayuda material. La joven era muy conocida en el barrio por ser muy atractiva y además, por tener sus padres un negocio pequeño en donde vendían antojitos y muchas veces ella se dedicaba a cobrarles a los clientes.

Los domingos, cuando Hilaria iba a misa a la iglesia del Encino, llamaba la atención. Llevaba un hermoso zagalejo bordado y su rebozo de bolita que lucía con destreza; en su pelo, que era muy chino, un listón del color del traje que usaba. Las muchachas en edad de merecer, le tenían envidia porque todos los jóvenes del barrio se perdían por una mirada de los negros ojos de la chica, que a todos desdeñaba.

Uno de ellos en una ocasión le dijo este piropo: "Con la sal que una morena derrama de mala gana, tiene para mantenerse una rubia una semana". Así pasaba el tiempo y aunque Hilaria Macías tenía muchos pretendientes, a ninguno le hacía caso por no haberle llegado todavía su hora de enamorarse.

Pero un día la muchacha se vio acosada por un individuo de mala reputación, uno de los malditos del barrio de Triana, al que le apodaban "El Chamuco", a más de ser feo, prieto y cacarizo, era presumido en grado superlativo; Dios le había dado la gracia de que se sintiera guapo y él así se veía. "El Chamuco" se enamoró perdidamente de ella y no la dejaba ni a sol ni a sombra. Cuando salía de su casa la estaba esperando en la esquina,

99

al grado que ya no podía salir por miedo, ya que la había amenazado que la iba a raptar. Un día Hilaria se fue a confesar con el cura de la parroquia del Encino y le dijo su problema, que no podía salir a la calle por miedo de encontrase con "El Chamuco" y había dejado de hacer sus obras sociales. Que la acosaba y le tenía un miedo infernal.

El padre le dijo que no se preocupara, que iba a mandar llamar a "El Chamuco" para amonestarlo y decirle que la dejara en paz. Al día siguiente, el señor cura encontró en el jardín del Encino a "El Chamuco", que era muy conocido en el barrio por "malora" y le pidió fuera al curato porque tenía que hablar con él. Y así lo hizo, por la tarde el hombre fue a visitar al sacerdote.

El padre que le había ofrecido a la muchacha que lo iba a persuadir que la dejara tranquila, ideó una cosa extravagante, le dijo: "Mira Chamuco, pídele a Hilaria un rizo de su pelo; si lo enderezas en el término de quince días, te aseguro que se casa contigo, yo mismo le pediré a sus padres su mano para ti". El hombre le dijo: "Pero padre, si no me concede una palabra, ¿cómo piensa que me dará un chino? Eso es imposible". El cura le aseguró que lo tendría, él mismo se encargaría de pedírselo. Así fue, el padre le pidió el rizo a Hilaria y se lo dio a "El Chamuco", el que todo el día pasaba tratando de enderezar, sin el menor resultado.

"El Chamuco" fue a ver al padre para decirle que era imposible, que se pasaba noche y día alisando el pelo y que parecía que con eso se enchinaba más, que estaba desesperado y no sabía qué hacer. El sacerdote con toda calma le dijo:

—Síguelo intentando, yo sé que el día menos pensado vendrás con el pelo completamente lacio y ese día pediremos a Hilaria.

Pasaron varios días y "El Chamuco" con un humor de los diablos invocó al demonio, ofreciéndole su alma en recompensa si le enderezaba aquel porfiado rizo de Hilaria, que por más que lo estiraba, en lugar de alaciarse, más se enchinaba.

Al invocar a Satanás se le apareció un hombre elegantemente vestido, con bombín, polainas y bastón, que al verlo "El Chamuco", se hizo para atrás, ya que él le había hablado al demonio y no a la persona que tenía enfrente. El catrín le preguntó al "Chamuco", qué hacía tan afanosamente acariciando ese cairel, a lo que él contestó, que alisar el chino, nada que se hacía lacio. "Yo te ayudaré", le dijo el catrín, y al tomar el pelo con las manos, aquel chino se hizo un verdadero tirabuzón y dándole una rabia infinita, aventó el chino a la cara de "El Chamuco", gritándole el catrín con todas sus fuerzas: "¡Qué coraje, ni yo puedo enderezar este maldito rizo!"

Al mismo tiempo se iba transformando; la boca se le deformó horriblemente, los ojos se le saltaron como de rana y de ellos le brotaba lumbre por abajo del bombín le salieron dos puntiagudos cuernos y las manos se le empezaron a poner peludas como de animal.

Cuando "El Chamuco" vio que el catrín se convertía en un demonio, quiso echar a correr, pero no pudo, sintió que le flaqueaban las piernas, que la cabeza le daba vueltas y que los ojos se le torcían. Pero cuando vio aquel engendro del infierno que volaba por los aires dejando un fuerte olor a azufre, perdió el sentido y no supo más de él. Cuenta la leyenda que "El Chamuco", sufrió tal impacto, que perdió la razón; por muchos años vivió como un ente en el barrio de Triana, sin recordar nada del pasado. Solamente cuando algún amigo pasaba junto a él y le preguntaba:

"¿Cómo estás Chamuco?", él contestaba "De la China Hilaria". Para los chamacos del barrio era una diversión lo único que sabía decir: "De la China Hilaria".

El pobre hombre al "que no le hizo justicia la naturaleza" porque nació muy feo, poco a poco se fue convirtiendo en un verdadero monstruo. Vivía en el barrio de Triana, casi siempre se encontraba en el jardín del Encino sentado en una banca y enojándose con los chamacos que lo vacilaban. Era un loco inofensivo, uno de los pintorescos tipos de ese barrio. Años más tarde Hilaria Macías se casó con un fuereño y se fue de Aguascalientes.

La historia del gran amor de "El Chamuco" se fue olvidando, convirtiéndose en un mito. Pero la expresión de "La China Hilaria", se quedó para siempre. Muchas personas antiguas del barrio de Triana conocen esta tradición por habérselas contado sus abuelos y así se ha ido pasando de generación en generación. Y con frecuencia a los muchachos latosos o feos, les dicen "pareces Chamuco," y sin pensar, están recordando a aquel pobre hombre que por amor perdió la razón.

La China Hilaria II

Dicen, que "pueblo chico infierno grande", y por Aguascalientes en la época en que era "muy chico", corrían los chismes, convirtiéndose en un "verdadero infierno", pues lo que sucedía en un extremo se regaba como pólvora y en tanto que se los cuento, todo el pueblo conocía la hablilla, por lo que se ganó el mote de "Lenguascalientes". Y así una historia se iba formando según se platicaba, gracias al ingenio, maledicencia y fantasía del cuentista, por lo que había varias versiones de una misma leyenda.

Así pasó con la famosa China Hilaria, una mujer muy castiza que vivía en el barrio de Triana (Del Encino) por los años de 1860 y por ser coqueta y "entrona", se corrieron varias interpretaciones sobre su persona. Se cuenta que en el barrio de Triana existió una pulquería muy famosa, allá como a mediados del siglo pasado y la que duró muchos años. Se llamaba "Pulquería de las Chinas..." Era atendida por tres hermanas, Andrea, Micaela e Hilaria, las que a más de hermosas eran mujeres de "pelo en pecho", no se dejaban de nadie y como a la Adelita, "hasta el mismo coronel las respetaba", pues el famoso bandido Juan Chávez, al que hicieron coronel los conservadores, les guardaba sus frijolitos al grado que callaba a sus asistentes cuando decían alguna mala palabra frente a las chinas, quienes lucían hermosas cabelleras rizadas.

Contaba don José Ramírez Palos que la pulquería ubicada en el corazón del barrio era muy frecuentada, no solamente por los trianeros, sino también por muchos otros parroquianos del pueblo "pero los clientes más asiduos eran los veteranos de las guerras de Reforma e Intervención, que en muy amigable camaradería, se contaban sus hazañas bajo los frescos emparrados que sombreaban el patio de la pulquería, y así, sin rencores, rememoraban hechos y contaban sabrosísimas anécdotas".

La "Pulquería de las Chinas" era frecuentada, como muchas otras, por el famoso bandido Juan Chávez, el terror de Aguascalientes, así como por sus ayudantes los capitanes: "Bueyes Pintos", "El Chato Góngora" y Pantaleón "El Cuate", los que varios escándalos cometieron en esa "emborrachaduría", solapados por las tres hermanas, que según las malas lenguas, también fueron sus mujeres. Ellas, dice Ramírez Palos, estaban perfectamente identificadas con sus "hombres", los emulaban admirablemente, pues cuando ellos andaban en sus correrías, ellas no desperdiciaban ocasión para desvalijar a los transeúntes que se aventuraban por los lugares donde tenían establecido su hato. Para llevar a cabo con seguro éxito sus atracos, las chinas se vestían de hombre y después de haber amarrado a sus víctimas, para mejor robarlas, se robaban, se cambiaban de indumentaria, vistiendo sus elegantes trajes femeninos. Estaban acostumbradas a las más duras faenas, a las labores propias de los hombres, pero al vestirse de mujeres, eran verdaderas y afectuosas damas.

Dice la leyenda que en la mañana del Sábado de Gloria del año de 1892, después de que las chinas acompañadas de sus guitarras, cantaban las mañanitas al "abrirse la gloria", como era costumbre, reunían a un grupo de sus amigos "los asiduos asistentes" a la pulquería y les obsequiaban las "catrinas" de la casa, mientras ellos referían el relato de sus hazañas. Al calor de los pulques, las historias eran cada vez más interesantes. "El maestro Braulio", que había militado durante la guerra del 47 a las órdenes del general Miñón y en la de Reforma, en las filas conservadoras, las del aguerrido Miramón; contaba cómo las mujeres de Aguascalientes dieron pruebas de un altísimo patriotismo, negándose a prestar sus servicios al odiado invasor y muchas veces matando a los soldados gringos que se aventuraban a internarse por las tortuosas callejas de nuestro barrio. Anacleto también contó sus aventuras ante la admiración de los invitados al jolgorio, los que se mostraban atentos al escuchar tales hazañas.

Por allá en un rincón se encontraba Blas, el que "chupando", observaba a los relatores. Era un hombre de no malos bigotes, que tenía dos personalidades bien definidas. En su juicio era muy serio, hasta hosco y de pocas palabras. Pero con copas encima, era agradable, gran cuentero, quien tenía mucha sal para aderezar sus historias, así como sus "chistes".

En una libreta que llamaba "chistera", anotaba sus cuentos y podía estar horas y horas deleitando a la concurrencia con sus simpáticas chanzas. Después de pedir permiso a Hilaria, la que fuera mujer de Pantaleón "El Cuate", y tener la venia de la China Hilaria para relatar la historia, dijo:

Como todos ustedes saben, mi amigo Pantaleón fue uno de los ayudantes del coronel Juan Chávez y por lo mismo estaba acostumbrado a "rebalsar de lo lindo y gastar hasta alazanas, para darle gusto a su preciosa, la China Hilaria, que portaba los más finos rebozos que se vendían en la Feria de San Juan y que con mucha gracia lucía en las fiestas de San Marcos, donde era la envidia de las meras catrinas por sus bellos zagalejos de legítimo castor cubiertos de lentejuela de oro, sus ricos hilos de coral que valían harto dinero y más que por sus galas, por el donaire con que las llevaba y la hermosa de los veinte años".

Y continuó hablando Blas:

Cuando mataron al coronel Juan Chávez el 15 de febrero de 1869, Pantaleón se "agorzomó mucho, porque comprendió que ya no podía darse la vida a que estaba acostumbrado; y sólo el pensar que tendría que trabajar, lo ponía muy triste y además se le hacía muy cuesta arriba pensar que su buena moza, ora la China, ya no podría portar sus buenos rebozos de bolita ni sus franelas de castor; y más que todo esto, le atormentaba la idea de que ya no podría garbear en fandangos y cantinas como en sus buenos tiempos, cuando cerraba el lugar y obsequiaba, con su dinero, a los clientes". Al pensar en trabajar, a Pantaleón se le enchinaba el cuerpo, pero ya era imposible seguir su vida de aventurero y asaltador de caminos, pues ya su jefe se había "quebrado". Como todos sus ayudantes y su propia viuda, sabían que Juan Chávez había ocultado su tesoro en una cueva del Cerro de los Gallos. El "Cuate" Pantaleón que conocía este lugar palmo a palmo decidió buscar la fortuna que había acumulado Juan Chávez, durante sus asaltos, ya que a él también le pertenecía por haber sido uno de sus "compinches".

Pantaleón salió de madrugada rumbo al Cerro de los Gallos, volteaba para todos lados para estar seguro que nadie lo seguía, y así casi corriendo llegó a la falda del cerro. Mirando al suelo recorrió todas las cuevas, los vericuetos del lugar y hasta movía los árboles para ver si encontraba el tesoro de Juan Chávez, pero nada. "Muerto" de cansancio, casi al anochecer se sentó en una piedra para descansar y sin saber cómo se quedó dormido. Estando en el más profundo sueño, "el Cuate", escuchó una voz que salía de las cuevas, era tan de ultratumba que se despabiló y paró la oreja.

Aquella voz claramente le decía que el famoso tesoro de Juan Chávez no existía, que era inútil que lo buscara, pero que él podía hacerlo inmensamente rico para poder seguir su vida de desorden y derroche. A cambio sólo le pedía que le diera trabajo todos los días para no aburrirse mucho, y que el día que no pudiera hacerlo, tenía que entregarle su alma.

En aquel momento Pantaleón comprendió que el que le ofrecía el trato, no era más que el demonio. Se quedó pensando unos minutos, sabía que de no aceptar, se moriría de hambre por no saber trabajar y sobre todo, perdería a la China Hilaria, la que pobre, no lo seguiría. Y por eso aceptó el pacto con el diablo. En un charco de agua Pantaleón se mojó la cara, así como el cabello, y brincando bajo del cerro se encontró que los bolsillos los tenía repletos de oro, lo que le dio una gran satisfacción. Llegó a su casa y le dijo a su mujer que era muy rico, que había encontrado el tesoro de Juan Chávez, el que tanto habían buscado... que su porvenir estaba asegurado. Hilaria no estaba muy convencida, pero como era ambiciosa, se sintió feliz de ser una potentada. Habló con sus hermanas de cerrar la pulquería y dedicarse a pasear, lo que no aceptaron por ser para ellas la pulquería una diversión. Estando Pantaleón desayunando, le dijo la sirvienta que lo buscaba un señor, al recibirlo, se dio cuenta que iba Satanás por el trabajo que le había ofrecido. Pantaleón, sin inmutarse, le dijo que deseaba le comprara una hacienda cerca de la cantera en donde toda la vida había tenido la ilusión de tener una propiedad. Por la tarde, se presentó aquel hombre con los documentos para que Pantaleón firmara el recibo que lo acreditaba como dueño de esa propiedad. Y así todos los días por la mañana se presentaba aquel agente de negocios para recibir las instrucciones de Pantaleón, que ya no sabía qué hacer.

Le pidió que hiciera un acotamiento en toda su propiedad, lo que pensó llevaría mucho tiempo, pero al día siguiente estaba terminado. Le pidió sembrara flores. Después, sembrar varias huertas de guayaba, durazno, etc. Más tarde le pidió construir grandes presas, que hiciera canales de irrigación. Y así inventaba cada día cosas lógicas y hasta absurdas, pero todo le concedía; en el acto el menor de sus deseos eran cumplidos por el demonio, que deseaba llevarse su alma.

El pobre —rico— Pantaleón se veía triste, aquel hombre simpático y dicharachero se había convertido en taciturno, callado, su cara empezó a palidecer y hasta el pelo se le caía a manojos. Nada le causaba encanto ni atractivo y hasta se le quitó el hambre. A la China Hilaria, que lo conocía tanto "como si lo acabara de desensillar" le preocupó el triste estado de su marido, al que veía acabado. Una noche vio inquieto a Pantaleón, y aquel hombre tan valiente, "muy matón y de a caballo", acabó llorando como un niño. Zarandeándolo, lo obligó que le dijera qué era lo que pasaba, y el cuate le dijo que lo del tesoro de Juan Chávez era mentira, le contó el pacto que había hecho con el diablo, lo que lo tenía temblando de miedo y amarillo como limón pasado.

La China lo escuchó con todo detenimiento y cuando terminó ella soltó una sonora carcajada que se escuchó hasta la esquina de su casa:

¿Por qué no te confiaste de mí y me platicaste antes el trato que hiciste con el demonio? ¡Duérmete! —le dijo— desde mañana yo me encargaré de darle trabajo a ese indecente. Trabajará toda su vida o nos dejará en paz para siempre.

Pensando Pantaleón que su mujer se había vuelto loca, no pegó los ojos en toda la noche. Furioso de ver a Hilaria dormida como un tronco, seguramente no había comprendido su problema .

A la mañana siguiente llegó el "hombre" a la casa de Pantaleón. La china lo recibió diciendo que su marido estaba enfermo y que ella se encargaría del trabajo por el que iba, que la esperara un momento. Entró Hilaria a su pieza, sacó del buró una tijeras y se cortó un largo chino de su cabello, y con él en su mano le dijo al diablo: "Dice mi marido que mientras él se alivia y le puede ordenar lo que desea, desenrede este cabello, hasta que quede completamente liso.

El diablo tomó el cabello pensando que Pantaleón había perdido el juicio. "Dígale que dentro de un rato estaré de regreso". Riéndose se fue el diablo y riéndose se quedó Hilaria.

En la esquina Satanás comenzó a tratar de convertir en un alambre el ensortijado pelo, pero fue inútil; duró varias horas y no pudo. Regresó a la casa para decirle a la señora que regresaría al día siguiente con el pelo desenrollado. Pasaron varios días y el hombre aquel no regresaba. Pantaleón se sentía más tranquilo, pero al pensar que el día menos pensado se presentaría nuevamente a pedir trabajo, le entraba un gran desasosiego que lo hacía temblar. Después de varios años, un día se encontraban Pantaleón y la China en la hacienda, sentados con los pies dentro del arroyo, cuando vieron al diablo sentado en una piedra tratando de desenrollar el pelo. De pronto les gritó: "¡Ya mero termino...!" Pero la China, mostrándole su enorme cabellera contestó: "Dese prisa, que todavía le faltan muchos mechones qué desenchinar".

Al ver Satanás la espesa y larga cabellera de Hilaria, aventó el chino que le había dado la esposa de Pantaleón, gritándoles: "¡Me doy por vencido, aquí se acabó nuestro trato!" Pantaleón y la China se abrazaron bailando de gusto, eran ricos y se habían quitando al diablo de encima. Pero çomo no estaban acostumbrados a trabajar, poco a poco se quedaron en la inopia. Pantaleón se murió y la China continuó con su pulquería . Mas al conocer la historia los trianeros y saber la audacia de la mujer, cuando alguien se pasa de listo le dicen:

"Éste parece hijo de la China Hilaria".

La China Hilaria se puso en jarras y le dijo a Blas: "Te dejé contar mi historia pero no para que me "choties". Paga tus copas y lárgate de la pulquería".

La leyenda se ha difundido oralmente, y aquí quedó escrita. Muchas gentes la conocen. Y la frase "Hijo de la China Hilaria", es aún más conocida, sin saber de dónde proviene, aunque es de suponerse que se da por hecho que un hijo de aquella sagaz mujer ha de ser enredoso y trapacero, y como ella misma, capaz de engañar al mismo diablo.

Salvador

La Maltós

Una de las leyendas clásicas más apasionantes de México es sin duda ésta, cuyos hechos se desarrollaron en la muy leal, noble y aurífera ciudad de San Luis Potosí.

Desde su fundación, ha sido un lugar de población numerosa, porque a raíz del descubrimiento de las minas de San Pedro, muchos buscadores de oro llegaron atraídos por tal aconteci-miento. La ciudad potosina fue fundada por el capitán Miguel Caldera, don Juan de Oñate y Fray Diego de la Magdalena, quienes le pusieron por nombre San Luis, en homenaje al Santo Rey de Francia. Ellos trazaron los primeros lineamientos de la ciudad, la casa de Gobierno y sitios destinados a parques y mercados. Poco a poco fue creciendo hasta llegar a ser, hacia 1700, la importante ciudad en cuyos años transcurrieron los acontecimientos de esta leyenda.

El peligro de las hordas chichimecas, huachinchiles u otras, era todavía latente, la evangelización de los pueblos estaba en pleno desarrollo. San Luis, la joya arquitectónica, emporio de cultura y religión, ciudad actual de floridos jardines y enhies-tas torres, empezaba a vivir.

La mayoría de los habitantes era gente sencilla, vestían indu-mentaria típica: faldas largas de manta, sayales, rebozos, cobijas, pantalón de manta o de cuero, según las posibilidades de cada quien; asimismo, había señores de casaca y chambergo, en casos especiales usaban sombrero tricornio. Era una abigarrada po-blación en la que habitaban personas de todas clases socioeco-nómicas, pero se distinguían básicamente dos: los patrones de hacienda y los peones, servidores, que a veces llegaban a ser esclavos.

Por las calles abundaban carretas jaladas por bueyes y co-ches tirados por caballos; caballeros montados en briosos corce-les, mucha gente sobre asnos. Ya existían los templos de Tlaxcala, Santiago y Montecillo, San Francisco y su convento. El río de Santiago llevaba todavía su abundante caudal.

En el sitio que hoy ocupa el magnífico edificio Ipiña, había un pequeño manantial; como el agua ha sido en San Luis un líquido preciado, alrededor de dicho manantial germinó una enorme huerta, donde se erigieron diversas construcciones coloniales: cuartos amplios, alta techumbre, corredores, soportales de arquerías. Una de esas casas precisamente se destinó para recluir, aunque de manera provisional, a las personas que tenían la desventura de caer en manos de los inquisidores, donde eran interrogados, torturados y por fin recibían la sentencia que les aplicaban por herejía, lectura de libros prohibidos, prácticas de sectas religiosas y hechicería.

Una mujer de muchas agallas, conocida como La Maltós, tuvo su residencia oficial en la casa que acabamos de referir. Se decía que dicha mujer practicaba la brujería, espiritismo, magia negra y otras costumbres que hoy no son perseguidas; inclusive a muchas personas cultas les ha dado por investigar.

Por paradójico que parezca, La Maltós llegó a obtener mando de inquisidora que en aquellos tiempos significaba tener mucho poder, tanto, que a cualquier persona que esta mujer quisiera perjudicar, bastaba que la acusara de alguno de esos delitos tan perseguidos para hundirla, ya que sin más investigación, se le aplicaba tormento y muchas veces era deportada o se le mataba en las mazmorras de dicho edificio; es decir, como también ocurría con la Inquisición, en nuestra gran Capital Mexicana.

El solo nombre de La Maltós infundía pavor, pues interrogaba a los reos con lujo de crueldad y gustaba de sacrificar personalmente a sus víctimas. Como además sabía malas artes, decían que tenía pacto con Satanás; en fin, era una mujer diabólica. Por todo eso la gente le temía, aun los políticos y personas de renombre, quienes preferían tener amistad con ella en lugar de tenerla como enemiga, porque ya fuera en forma de acusación o por sus brujerías, estaba en condiciones de perjudicar a quienes ella quisiera.

Se dice que hacía aparecer en el interior de sus aposentos caballos negros, perros descomunales y hasta lobos, así como carretelas tiradas por caballos. Se cuenta que solía salir por las calles de la ciudad a horas altas de la noche en un carro tirado por dos briosos caballos, lo cual hacía de la siguiente manera: en el muro de su habitación dibujaba un coche tirado por dos enormes caballos negros, se colocaba en el supuesto asiento delantero empuñando simuladamente las riendas, pronunciaba unas palabras cabalísticas y ordenaba a los caballos arrancar; entonces cobrabran vida, carruaje y corceles, mismos que en forma estrepitosa saltan a rodar por las empedradas calles de la ciudad, sacando enormes chispas de fuego: recorría los caminos envuelta en llamas y la gente decía santiguándose: "Allí va La Maltós, la mujer infernal, la bruja".

Sus fechorías no tenían freno, a tal grado que se complacía en destruir altas personalidades. Al fin La Maltos cometió un error grave de funestas consecuencias; ocurrió que se extralimitó en una ocasión al sacrificar a dos personas de mucha influencia política y económica.

Entonces el alto mando inquisidor dio orden de arrestarla y enviarla a presidio a la ciudad de México. La policía rodeó la casa donde vivía La Maltós, las autoridades entraron a capturarla, nada podía hacer que escapara de aquella sentencia; entonces se refugió en el último reducto que era su amplia habitación, pero hasta allí llegó un jefe de la policía acompañado de dos subalternos; la inquisidora destronada no tuvo más remedio que entregarse humildemente diciendo:

—Ha llegado la hora de perder, no puedo resistirme ante la fatalidad, aunque mis poderes no se han menguado, pues cuento con facultades que me han otorgado los dioses y está en mi mano destruirlos en este momento, si así fuesen mis deseos, no obstante, debo obedecer los mandatos de fuerzas superiores y me entrego a vosotros. ¿Puedo pedirles un último favor, una gracia?

Al ver la tranquilidad de la reo, quedaron asombrados los hombres que iban con la misión de aprehenderla y el jefe de policía contestó:

—No es culpa nuestra, nosotros sólo obedecemos órdenes superiores y créame que en estos momentos quisiera no ser yo el que ejecutase esta orden, mas me ha tocado en suerte venir a realizar algo que no quisiera, presentarla ante la justicia mayor, para que sin duda se cumpla la sentencia a la que habéis sido acreedora.

—Nada temáis y no os preocupéis por mí; no cobraré venganza contra vosotros, pero, ¡ay del que haya sido causante de mi mal! tendrá que arrepentirse mil veces, en fin, llevad a cabo vuestra tarea, el tiempo apremia. Mas cumplidme sólo este último deseo: quiero dejar aquí, en este salón, un recuerdo imperecedero; haré un hermoso dibujo.

La hechicera, con el dedo índice de la mano derecha, trazó en la pared primero los contornos de una carroza, luego las ruedas. la portezuela y dos grifos gigantescos que la jalaban; al conjuro de unas palabras cabalísticas, la carroza parecía moverse. Sonriendo, La Maltós volteó hacia sus aprehensores diciéndoles: "Os invito a que viajéis conmigo por lo ancho y largo de los continentes conocidos". Ante la mirada estupefacta de los hombres armados, que permanecían como clavados en el piso, subió ágilmente y la carroza se fue perdiendo en un horizonte sin límites.

Salieron despavoridos el jefe policiaco y sus ayudantes a narrar lo acontecido, pero por supuesto, nadie les creyó. Lo cierto es que nunca más se volvió a saber de La Maltós.

Salvador

El Callejón del Beso

En muchas ciudades de México hay Callejones del Beso, y aquí mismo no sólo hay del Beso sino también del Cariño, sólo que este Callejón del Beso es tan apasionado, tan romántico, ardiente y tan trágico, que todavía se escucha el eco del beso aquel, eterno, mortal e inmortal a la vez.

Fabiana, bella y agraciada damita, había nacido en un medio familiar, bien formado; su madre la adoraba y su padre la protegía contra todas las acechanzas de la vida; la educaron conforme a las costumbres de la época: conocimientos de cocina, de música, cómo pulsar laúd, bordados, tejidos, pocas letras y, sobre todo, recato, pulcritud y buenos modales. Fabiana tenía un hermano y una hermana, mucho menores que ella.

Llegada la edad de las ilusiones, era estrictamente vigilada por su padre y sabiamente aconsejada por su madre, ella sólo tenía como confidente a su hermana Laura.

Con virtudes tan señaladas y hermosura tanta, no le faltaron pretendientes, siempre con fines positivos; en un sarao a la que fue invitada conoció al que había de ser el amor de su vida; Rubén, joven distinguido, gallardo y muy culto, estudiante de la Real y Pontificia Universidad de México. En un principio los padres de Fabiana no se opusieron a tan adecuado noviazgo y el galán era recibido en la casa; en ese tiempo no era costumbre que los novios salieran juntos a la calle, ni a fiestas, a esas sólo se acostumbraba concurrir con sus padres.

Todas las vacaciones que Rubén tenía las pasaba en esta ciudad tan sólo por estar con su adorada Fabiana; era un noviazgo que bien se perfilaba para un feliz matrimonio.

Fabiana y Rubén se despidieron un día pues él debía dedicarse con más ahínco a sus estudios, para que una vez titulado, pudiera casarse con su amada.

—Me quedo triste —le dijo Fabiana al despedirse—, pues hay tantas tentaciones en la Capital del Virreinato, que temo te distraigan y... entorpezcan tus estudios.

—¿No confías en mí, Fabiana?

—Ciegamente —contestó ella con gracia.

—Entonces, vida mía, ¿me esperarás?

—Todo el tiempo que sea necesario, Rubén.

Se despidieron con un beso enamorado, tierno, dulce, puro. Un beso que ambos recordarían siempre.

La vida de Fabiana transcurre plácida y tranquila, los quehaceres la distraen y procura estar casi todo el día ocupada en el arreglo de su casa, y, a ratos tocando su laúd, o bien, bordando esos magníficos manteles que sus amigas admiraban tanto y que servían de gran adorno en el comedor de su residencia. Un día recibe una carta que no quiere abrir hasta estar sola en su alcoba sin que nadie perturbe su lectura. Por fin, está recluida en su habitación, abre con ansiedad la misiva que con gran emoción empieza a leer:

"Adorada mía, no empiezo la carta escribiendo tu hermoso nombre porque temo que al escribirlo, yo mismo lo pronuncie y el viento lleve a oídos de otra persona ese nombre que sólo debe ser para gozarlo yo. Mi amor, si estudio con afán como lo hago, es por estar pronto junto a ti para no separarme jamás; cuando estoy estudiando me imagino que estás junto a mí, y entonces me siento feliz cuando tomo algún manjar, quiero compartirlo contigo, y cuando escucho música en todas y cada una de las notas percibo las letras de tu nombre, estás conmigo en mis estudios, en mis vigilias, en mis sueños, no hay nada más amado para mí que tú, mi aliento, mi consuelo, mi adorada, nada más bello para mí que tu rostro, tu cuerpo, tu mirada, tu ademán, tu sonrisa y tu hálito. Quiero que estés sólo pensando en mí, quiero que no estés contenta porque yo no estoy contigo, quiero que me sueñes, quiero que me ames y sólo que me ames."

Fabiana terminó de leer su carta y volvió a leerla una y otra vez hasta que se quedó dormida pensando en su amado.

El padre de Fabiana era un hombre muy emprendedor y ciertamente muy pundonoroso, no obstante, sus negocios nunca prosperaban y para cada empresa o negocio recurría a don Fernando de Alcántara y Villa-vicencio, quien siempre y con gusto prestaba grandes cantidades a don Germán de Alcibarras. Puede decirse que llegó un momento en que ni con la finca de su propiedad pagaría la deuda contraída, pues ésta sobrepasaba en mucho las posibilidades del padre de Fabiana.

En esos remotos y apacibles tiempos de 1771, los contratos matrimoniales se hacían directamente con los padres de la pretensa, sin ser necesario contar con el consentimiento de la dama, y he aquí que don Fernando de Alcántara y Villa-vicencio, potentado minero de San Pedro, se apersonó con don Germán para pedir en matrimonio a la encantadora Fabiana. El enamorado que contaba con sesenta inviernos en sus espaldas, empezó por decir a su futuro suegro:

—Amigo mío, ya no tendrá usted que pagarme los miles que me adeuda y además mi hacienda estará en sus manos y será usted quien la maneje, porque he decidido casarme con su hija, a quien trataré como lo que ella es, una reina.

Don Germán quedó petrificado, sin saber qué decir y sólo acertó a balbucear:

—Creo que eso está muy bien, vamos a ver qué opina mi hija...

—No creo que importe mucho lo que esta niña adorable opine; ¿qué puede ella saber lo que le conviene o no le conviene? es usted, querido amigo quien sí sabe qué conviene a ella, a usted y a toda la familia, porque su costumbre de vivir tan cómodamente, no debe cambiar, y yo mismo lo lamentaría mucho, pues es ahora cuando Fabiana requiere de mayores comodidades y para ella sería muy lamentable, así como para la esposa de usted, quedarse en la ruina, yo no podría soportarlo.

—Oh, sí, claro... claro... digo... ojalá ella... ella... acepte.

—Es una niña educada en la obediencia a sus padres, es un dechado de virtudes y de cariño por ellos, estoy seguro que obedecerá la orden que usted le dé.

Cuando Fabiana y don Fernando se casaron, éste la llevó a vivir a una casona construida por el rumbo de la Lagunita, en un callejón; la encerraba con llave en la puerta principal y no le permitía hablar con nadie. Fabiana se dedicó a las labores de su casa y casi se resignó a ser el ama de su propia casa, pero sus sentimientos eran otros, pues en su mente estaba siempre la presencia de Rubén, a quien ella no quería ni nombrar, por miedo a faltar a su credo religioso.

Pero he aquí que un día llegó a San Luis el ingeniero Rubén de la Torre, quien al enterarse de lo acontecido, no daba crédito a lo que le decían.

— ¡Se ha casado! ¡Se ha casado con otro! Traicionando nuestro amor, ¿cómo llamar a esto? ¿Perfidia? ¿Traición? ¿Sacrilegio? Sí, sacrilegio porque ella me juró ante Dios que me amaba y me dijo me esperaría toda su vida, lo cierto es que me ha hundido en la tristeza y en la desesperación y la verdad es que la sigo amando.

Cuando supo las razones del matrimonio de su amada no se conformó, pero estuvo más tranquilo.

Instintivamente se dirigía por las noches a la nueva residencia de su amada, quería verla y no se atrevía a intentarlo siquiera; por fin, una ocasión en que él andaba por el callejón, vio salir a la aya de Fabiana, procuró ser encontrado por ella, con la esperanza de que le hablara, lo que ciertamente ella hizo, porque ella misma deseaba hablar con él, tuvieron una breve plática en la que le hizo saber lo que ella sufría, porque no era su esposo el ser amado, ya que ella sólo lo amaba a él, a Rubén; no soportaba el encierro pues era realmente un cautiverio; en fin, concertaron una cita para esa noche, ella saldría a la ventana y él se acercaría; así esto fue lo que concertaron el aya y él; faltaba saber la respuesta de Fabiana. Entre tanto Rubén esperaba con verdadera ansia y emoción la respuesta, que llegó para anunciarle que ella lo esperaría a las nueve en la ventana de su alcoba, pues su esposo saldría como de costumbre a las ocho con rumbo a San Pedro. Desde esa noche y muchas noches más, estuvieron dándose cita.

No faltó quién informara al burlado esposo de lo que ocurría en su casa después de las veintiuna horas. El marido no dejó notar la menor sospecha, procedió igual durante varios días. Por fin, una de esas noches oscuras y friolentas de noviembre, se despidió de su esposa como siempre y se fue a las ocho a San Pedro, de donde tendría que regresar a aquello de las doce, pero no se fue a San Pedro, sólo llegó hasta la Alameda donde permaneció hasta las once, luego se dirigió a su casa, ya cerca se envolvió en una negra capa, se acercó sigilosamente a la mera hora en que se daban los amantes un amoroso beso, llegó por la espalda clavándole filoso puñal, huyendo después sin aparecer por ninguna parte, nunca volvió a San Luis. Ella sostuvo mucho rato entre sus brazos al amado, hasta que ella también cayó desfallecida.

Desde entonces, a este recodo se llamó por mucho tiempo El Callejón del Beso. Dicen que todas las noches, precisamente a eso de las once, se escucha el eco de un beso prolongado.

Salvador

OAXACA

La Princesa Donají

Una de las más hermosas leyendas de nuestros antepasados mixtecas y zapotecas en el estado de Oaxaca, es la de la princesa Donají. Quizá sea porque se basa en el amor de dos jóvenes en el amanecer de su existencia o en el deseo de que las dos razas más importantes se fusionaran en una sola para formar una gran nación, sea lo que fuere es laudable conocer esta epopeya de amor que se dio en el tiempo y en el espacio.

Donají era hija de Cosijoesa, rey de Zaachila, huérfana de madre, creció bajo el amparo y protección de su real padre que la amaba tiernamente y la rodeaba de todas las comodidades que para ella eran necesarias.

Esta bellísima princesa fue partícipe, sin proponérselo, de una de las etapas más belicosas, surgida entre los mixtecos y zapotecos que buscaban la hegemonía del poder en la grandeza de una raza sobre otra.

Descansaba plácida, en una alcoba del palacio real de Zaachila, cuando la despertó el sonido de la concha, llamando a la lucha defensiva y el estrépito del duro combate que se daba entre los guerreros de su padre y los guerreros mixtecos. Al observar el patio real vio que guerreros zapotecos llevaban prisioneros a mixtecos mal heridos. De alma generosa, como era, bajó para ayudar a curar las heridas de los guerreros cautivos. Uno de ellos era un príncipe mixteco llamado Nuhucano, Fuego Grande, quien ante ella no pudo tenerse más en pie y se desplomó en sus brazos. Donají creyó que estaba muerto pero no era así, ella sintió angustia y piedad por él, por lo que llevó al herido a su propio aposento en donde lo atendió con ternura y amor. Su esfuerzo no fue en vano, por lo que pasados seis meses estaba listo para volver a la vida normal, sin embargo, en esos seis meses, la semilla del amor entre ellos, nació, creció y floreció uniéndolos para siempre.

En medio de tanta felicidad Nuhucano hubo de regresar con los suyos, entre tanto llegaron zapotecos y mixtecos a un acuerdo estableciendo un tratado de paz y como garantía, el rey Cosijoesa dio a su hija Donají que permaneció prisionera de los mixtecos en Monte Albán.

La existencia de Donají transcurría en medio de la monotonía de quien lleva una vida de cautiverio.

Cierto día en que Donají paseaba por la fortaleza de Monte Albán, se dio cuenta que la mayoría de los guerreros mixtecos estaban dedicados a la malicie y a la distracción y en esas condiciones serían fácil presa para los zapotecos quienes sin mucho esfuerzo los vencerían.

Rauda y veloz envió un mensajero a su padre para comunicarle lo observado y atacara la fortaleza destruyendo al ejército enemigo y la rescatase de su prisión.

Cosijoesa preparó a sus guerreros para dar la batalla y cuando la hora se acercaba para ello, Donají recibió un enviado de Nuhucano, comunicándole que esa misma noche, cuando la luna estuviera en el cenit, iría a verla para estrecharla entre sus fuertes brazos. Donají sintió que todo se derrumbaba a su alrededor puesto que si Nuhucano era sorprendido con ella, sin duda alguna lo matarían los guerreros de su padre, perdiendo al amor de su vida y entonces nada tendría sentido para seguir viviendo, pero en esos momentos ya no hubo manera de evitar el ataque a la fortaleza.

Con ansias esperaba el momento, ya no de dicha y felicidad, sino de la tragedia a la que había dado origen. De pronto se escuchó un ruido sordo que crecía a cada momento, al escuchar las voces y los pasos de los guerreros zapotecas; justo entonces llegó Nuhucano, la estrechó entre sus brazos y la cubrió de besos. Aterrorizada le dijo: "¡Oye el ruido de los guerreros de mi padre que vienen al ataque! ¡Caerás en sus manos y no te perdonarán! ¡Huye, huye!" Nuhucano se resistía a huir pero al ver la angustia reflejada en el bello rostro de Donají, lloró de emoción al comprobar el gran amor que la princesa zapoteca sentía por él. Fue entonces que entraron seis guerreros mixtecos, dos pusieron a salvo a Nuhucano y los otros cuatro se llevaron a Donají a las riberas del río Atoyac, allí la degollaron y sepultaron en el mismo lugar su tierno y pálido cadáver. Al saberlo Nuhucano, lloró la pérdida de su amada y poco después murió de tristeza.

Pasó el tiempo, llegaron los españoles, se asentó el dominio ibérico y con él una religión, un nuevo gobierno, una nueva agricultura, nuevo comercio y nuevo idioma, el lugar de los aborígenes pasó a ser ocupado por los mestizos y el dominador europeo.

Se narra que un pintor llegado de España fue contratado para pintar una imagen de la Virgen de la Soledad. Al terminar su obra sentía, al verla, que algo le faltaba, pero no caía en la cuenta qué era, por lo que a veces se iba a pasear por las riberas del Atoyac tratando de dar con aquello que faltaba a su obra. Un día al caminar atropelló un hermoso lirio, mismo que lanzó un gemido de dolor, creyó haberse equivocado y se quedó contemplando tan bella flor, se dirigió entonces a su taller y en las manos de la imagen de la Soledad pintó la flor que en las riberas del Atoyac contempló.

Al día siguiente volvió al lugar donde vio el lirio, al intentar cortarlo, nuevamente escuchó el lastimero lamento que el día anterior, se dirigió entonces a su casa en busca de un azadón para escarbar y saber si el lamento procedía de la raíz misma o era de la flor que tal vez tenía vida.

Grande fue su sorpresa al descubrir que el lirio tenía como raíz la cabeza incorrupta de una bella joven. Avisadas, las autoridades acudieron al lugar, desenterraron los restos de la bella princesa que murió por su pueblo y por su amado Nuhucano.

Más tarde el Ayuntamiento de Oaxaca tomó como emblema representativo la imagen de la cabeza de la princesa Donají y la flor que de ella nace.

El español que se dice encontró la flor, atestiguan que se llamó Fortín, que era un sujeto venido a la Nueva España en busca de fortuna para regresar a España a vivir con vida holgada.

El Flechador del Sol

Después de que los hijos de los árboles de Apoala se multiplicaron, dice la leyenda, se hicieron cuatro ramas que se desperdigaron por toda la región que ahora es *Ñuñu-Ma,* la mixteca, para enseñorearla, asentando en ella su regia estirpe.

Uno de los hijos de estos árboles llenó su carcaj con flechas y tomó su poderoso arco para enfrentarse valeroso a sus posibles enemigos o a aquellos que se opusieran a su deseo de convertirse en un gran conquistador.

Caminó durante mucho tiempo por el extenso territorio de *Ñuñu- Ma* ajado como papel estrujado, presto lo hizo en los lechos de los ríos, como subió presuroso, al igual que las águilas, a las cumbres que casi tocan el cielo y que siempre permanecen envueltas en blancas o negras nubes, como manto que su inocencia protege, otras veces se adentró en hermosos valles que se parecían al Edén, pero siguió su camino, buscando con quién disputar esa maravillosa región.

Finalmente llegó a lo alto de la ahora *Ñudzavuiññuhu,* en el momento en el que el sol, como agudos dardos, lanzaba hacia la superficie de la tierra sus ardientes rayos. Cuatro Lagarto, *Águila Sangrienta,* que así se llamaba este descendiente de los árboles de Apoala, al sentir sobre su cuerpo los fatales rayos, entiende que el astro rey es el dueño de ese enorme territorio, llamado a ser la cima de magnífica cultura. Tensa el arco y con la flecha acomodada, dispara contra el sol. El agudo dardo se dirige veloz hacia el enemigo que pretende esconderse tras espesas nubes, sin embargo, el valiente guerrero no se inmuta, continúa disparando una y otra vez y las flechas se pierden majestuosas en la inmensidad, devorando la distancia e incrustándose en el sol. Después de larga y cruenta lucha, en el horizonte, las nubes se tiñen de rojo carmín, el astro pierde su fuerza y poco a poco, con la palidez de la muerte, en terrible agonía, se pierde en la oscuridad del inmenso universo. Aparecen las estrellas "como cirios" en un solemne velorio, el sol ha muerto. Cuatro Lagarto triunfó y se convirtió así en el mítico *Flechador del Sol,* otro héroe como él, jamás habrá en la tierra, no en vano fue descendiente de los árboles de Apoala.

Agotado por la lucha hace un esfuerzo supremo y levanta en la parte más alta del cerro, testigo atónito de hecho tan singular, un rústico altar, en él ofrece un sacrificio de gratitud y amor a sus dioses, por haberle permitido obtener este grandioso triunfo, sobre enemigo tan poderoso. Las víctimas y el copal, transformados en esencia, se elevan fragantes a las alturas, en donde en hermoso panteón habitan los dioses que protegieron a este héroe en triunfo tal.

La luna, entre tanto, aparece en el firmamento, está espantada, sabe lo de la contienda sangrienta porque las estrellas se lo dijeron, por eso, tímida, cubre con su manto de tul el sueño reparador del *Flechador del Sol.*

Más tarde, el héroe inmortal, en las alturas de *Ñudzavui-ññuhu en Ñuñu-Ma,* funda, como corona áurea, a *Ñuutno* (Monte Negro, Tilantongo) que será en adelante el centro de poder de toda la Mixteca y lo convierte en el nuevo sol, alrededor del cual girarán nuevas estrellas que a la vida surgirán en el tiempo y en el espacio.

Los árboles de Apoala, después de miles de años, pueden irse a descansar, han dado al mundo lo mejor de ellos, el fruto de su limpio amor. Los héroes de la Ilíada, de la Odisea y de otras hazañas mil, a pesar de sus hechos, no pueden compararse con el *Flechador del Sol.*

Su amor hecho realidad servirá por siempre, en algo tan maravilloso como es el hombre que con su recto actuar transformará lo existente, buscando el perfeccionamiento del universo en el que habita y llevará a la Creación hacia su perfeccionamiento o hacia su destrucción total.

Los árboles de Apoala cumplieron su misión, Cuatro Lagarto, *Águila Sangrienta,* el *Flechador del Sol* también. Sólo falta que nosotros, los que hoy vivimos en este heterogéneo suelo, cumplamos la parte que nos corresponde, ya que entonces y únicamente entonces, estaremos mostrando que somos verdaderos mixtecos.

Salvador

TLAXCALA

La Traición de Matlalcueye

Antes de que los tlaxcaltecas se asentaran en estas tierras, cuando los olmecas y xicalancas las dominaban bajo el decadente mando de su señor Colopechtli, había en un valle encantado por la naturaleza, donde actualmente se levanta la gallarda mole de La Malintzin, una aldea aborigen en la que llamaba la atención una joven bellísima que vestía lujosas ropas bordadas con plumas de quetzales y pelo de conejo que resaltaba más su hermosura con otros adornos que portaba: se llamaba Matlalcueye (la de la falda color verde).

En una ocasión que la joven asistió a las grandes fiestas rituales de Cacaxtla, un apuesto capitán guerrero de la región de Tepeyacac la admiró y se prendó de ella, logrando saber su nombre y el lugar donde residía.

Tentzo se llamaba el apasionado guerrero que logró entrevistarse con Matlalcueye y hacerse dueño de su amor. Algún tiempo después un caudillo totonaca se enamoró, a su vez, de la muchacha. A ésta le pareció más gallardo, jovial y valiente y cometió el delito de traicionar al capitán tepeyaqueño, quien al notar la indiferencia de la joven se puso a vigilarla personalmente.

Una tarde, cuando Tonatiuh descendía tras las blancas y brillantes cumbres del Popocatépetl y del Iztaccíhuatl, Tentzo, convencido de la traición de su amada, le hundió en el pecho un agudo puñal de obsidiana. En seguida colocó su cuerpo sobre un *teocalli*, y se apartó del lugar sin ser visto. ¡Así Matlalcueye se volvió la montaña conocida como La Malintzin!

Tentzo salió al encuentro de su rival Pinahuitzatzin y en combate feroz y dilatado el guerrero totonaca, con su *macuahuitl* (macana), desprendió de un golpe la cabeza de aquél, quedando convertido en el cerro Cuahtlapanca (cabeza cortada) junto a Matlalcueye.

El intruso huía hacia la costa, pero los hombres olmecas que iban a vengarse, le dieron alcance y muerte, transformándolo en el cerro llamado Cofre de Perote, que también es conocido con el nombre de Pinahuitzapan.

La Malintzin, el Cuahtlapanca y el Pinahuitzapan, desde entonces, forman el triángulo fatal que, en las pasiones amorosas, siempre ha sido causa de las más amargas consecuencias.

La Xtabay

Vivían en un pueblo dos mujeres; a una la apodaban los vecinos la Xkeban, que es como decir "la pecadora", y a la otra la llamaba Utz-Colel, que es como decir "mujer buena". La Xkeban era muy bella, pero se daba continuamente al pecado de amor. Por esto, las gentes honradas del lugar la despreciaban y huían de ella como de cosa hedionda. En más de una ocasión se había pretendido lanzarla del pueblo, aunque al fin de cuentas prefirieron tenerla a mano para despreciarla. La Utz-Colel, era virtuosa, recta y austera además de bella. Jamás había cometido un desliz de amor y gozaba del aprecio de todo el vecindario.

No obstante sus pecados, la Xkeban era muy compasiva y socorría a los mendigos que llegaban a ella en demanda de auxilio, curaba a los enfermos abandonados, amparaba a los animales; era humilde de corazón y sufría resignadamente las injurias de la gente. Aunque virtuosa de cuerpo, la Utz-Colel era rígida y dura de carácter: desdeñaba a los humildes por considerarlos inferiores a ella y no curaba a los enfermos por repugnancia.

Recta era su vida como un palo enhiesto, pero sufrió su corazón como la piel de la serpiente. Un día ocurrió que los vecinos no vieron salir de su casa a la Xkeban, pasó otro día, y lo mismo; y otro, y otro. Pensaron que la Xkeban había muerto, abandonada; solamente sus animales cuidaban su cadáver, lamiéndole las manos y ahuyentándole las moscas. El perfume que aromaba a todo el pueblo se desprendía de su cuerpo. Cuando la noticia llegó a oídos de la Utz-Colel, ésta rió despectivamente.

—Es imposible que el cadáver de una gran pecadora pueda desprender perfume alguno —exclamó—. Más bien apestará a carne podrida.

Pero era mujer curiosa y quiso convencerse por sí misma. Fue al lugar y al sentir el perfumado aroma dijo con sorna:

Cosa del demonio debe ser para embaucar a los hombres —y añadió— si el cadáver de esta mujer mala huele tan aromáticamente, mi cadáver olerá mejor.

Al entierro de la Xkeban sólo fueron los humildes, a quienes había socorrido, los enfermos a los que había curado, pero por donde cruzó el cortejo se fue dilatando el perfume, y al día siguiente, la tumba amaneció cubierta de flores silvestres.

Poco tiempo después falleció la Utz-Colel, había muerto virgen y seguramente el cielo se abriría inmediatamente para su alma. Pero, ¡oh sorpresa!, contra lo que ella misma y todos habían esperado, su cadáver empezó a desprender un hedor insoportable, como de carne podrida. El vecindario lo atribuyó a malas artes del demonio y acudió en gran número a su entierro, llevando ramos de flores para adornar su tumba. Flores que al amanecer desaparecieron por "malas artes del demonio", volvieron a decir.

Siguió pasando el tiempo y es sabido que después de muerta la Xkeban se convirtió en una florecilla dulce, sencilla y olorosa llamada, Xtabentun. El jugo de esa florecilla embriaga dulcemente tal como embriagó en vida el amor de la Xkeban. En cambio, la Utz-Colel se convirtió después de muerta en la flor de Tzacam, que es un cactus erizado de espinas del que brota una flor hermosa pero sin perfume alguno, antes bien, huele en forma desagradable y al tocarla es fácil punzarse.

Convertida la falsa mujer en la flor del Tzacam se dio a reflexionar, envidiosa, en el extremo caso de la Xkeban, hasta llegar a la conclusión de que seguramente porque sus pecados habían sido de amor, le ocurrió todo lo bueno que le ocurrió después de muerta. Y entonces pensó en imitarla entregándose también al amor. Sin caer en la cuenta de que si las cosas habían sucedido así, fue por la bondad del corazón de la Xkeban, quien se entregaba al amor por un impulso generoso y natural. Llamando en su ayuda a los malos espíritus, la Utz-Colel consiguió la gracia de regresar al mundo cada vez que lo quisiera, convertida nuevamente en mujer para enamorar a los hombres, pero con amor nefasto, porque la dureza de su corazón no le permitía otro.

Pues bien, sepan los que quieran saberlo que ella es la mujer Xtabay la que surge del Tzacam, la flor del cactus punzador y rígido, que cuando ve pasar a un hombre vuelve a la vida y lo aguarda bajo las ceibas peinando su larga cabellera con un trozo de Tzacam erizado de púas. Sigue a los hombres hasta que consigue atraerlos, los seduce luego y al fin los asesina en el frenesí de un amor infernal.

Los Aluxes

Nos encontrábamos en el campo yermo donde iba a hacerse una siembra. Era un terreno que abarcaba unos montículos de ruinas tal vez ignoradas. Caía la noche y con ella el canto de la soledad. Nos guarecimos en una cueva de piedra y sahcab; para bajar utilizamos una soga y un palo grueso que estaba hincado en el piso de la cueva.

La comida que llevamos no la repartimos. ¿Qué hacía allá?, puede pensar el lector. Trataba de cerciorarme de lo que veían miles de ojos hechizados por la fantasía. Trataba de ver a esos seres fantásticos que según la leyenda habitaban en los cuyos (montículos de ruinas) y sementeras: los aluxes.

Me acompañaba un ancianito agricultor de apellido May. La noche avanzaba... De pronto May tomó la palabra y me dijo:

—Puede que logre esta milpa que voy a sembrar.

—¿Por qué no ha de lograrla? —pregunté.

—Porque estos terrenos son de los aluxes. Siempre se les ve por aquí.

—¿Está seguro que esta noche vendrán?

—Seguro —me respondió.

—¡Cuántos deseos tengo de ver a esos seres maravillosos que tanta influencia ejercen sobre ustedes! Y dígame, señor May, ¿usted les ha visto? Explíqueme cómo son, qué hacen.

El ancianito, asumiendo un aire de importancia, me dijo:

—Por las noches, cuando todos duermen, ellos dejan sus escondites y recorren los campos; son seres de estatura baja, muy niños, pequeños, pequeñitos, que suben, bajan, tiran piedras, hacen maldades, se roban el fuego y molestan con sus pisadas y juegos. Cuando el humano despierta y trata de salir, ellos se alejan, unas veces por pares, otras en tropel. Pero cuando el fuego es vivo y chispea, ellos le forman rueda y bailan en su derredor; un pequeño ruido les hace huir y esconderse, para salir luego y alborotar más. No son seres malos. Si se les trata bien, corresponden.

—¿Qué beneficio hacen?

—Alejan los malos vientos y persiguen las plagas. Si se les trata mal, tratan mal y la milpa no da nada, pues por las noches roban la semilla que se esparce de día o bailan sobre las matitas que comienzan a salir. Nosotros les queremos bien y les regalamos con comida y cigarrillos. Pero hagamos silencio para ver si usted logra verlos.

El anciano salió, asiéndose a la soga, y yo tras él, entonces vi que avivaba el fuego y colocaba una jicarita de miel, pozole, cigarrillos, etc., y volvió a la cueva. Yo me acurruqué en el fondo cómodamente. La noche era espléndida, noche plenilunar. Transcurridas unas horas, cuando empezaba a llegarme el sueño, oí un ruido que me sobresaltó. Era el rumor de unos pasitos sobre la tierra de la cueva. Luego, ruido de pedradas, carreras, saltos, que en el silencio de la noche se hacían más claros.

Salvador

El Ciclo Náhuatl de Quetzalcóatl

Y en seguida se convocaron los dioses. Dijeron: "¿Quién vivirá en la tierra?, porque ha sido ya cimentado el cielo y ha sido ciementada la tierra. ¿Quién habitará en la tierra, oh dioses?" Estaban afligidos Citlalinicue, Citlatónac, Apantecuhtli, Tepanquizqui, Quetzalcóatl y Tezcatlipoca.

Y luego fue Quetzalcóatl al Mictlan, se acercó a Mictlantecuhtli y a Mictlancíhuatl y en seguida les dijo: "Vengo en busca de los huesos preciosos que tú guardas, vengo a tomarlos." Y le dijo Mictlantecuhtli: "¿Qué harás con ellos, Quetzalcóatl?" Y una vez más dijo (Quetzalcóatl): "Los dioses se preocupan porque alguien viva en la tierra." Y respondió Mictlantecuhtli: "Está bien, haz sonar mi caracol y das vuelta cuatro veces alrededor de mi círculo precioso."

Pero su caracol no tiene agujeros; llama entonces (Quetzalcóatl) a los gusanos; éstos le hicieron los agujeros y luego entran allí los abejones y las abejas y lo hacen sonar. Al oírlo Mictlantecuhtli, dice de nuevo:"Está bien, toma los huesos." Pero dice Mictlantecuhtli a sus servidores: "¡Gente del Mictlan! Dioses, decid a Quetzalcóatl que los tiene que dejar." Quetzalcóatl repuso: "Pues no, de una vez me apodero de ellos." Y dijo a su nahual: "Ve a decirles que vendré a dejarlos." Y éste dijo a voces: "Vendré a dejarlos."

Pero luego subió, cogió los huesos preciosos. Estaban juntos de un lado los huesos de hombre y juntos de otro lado los de mujer y los tomó e hizo con ellos un ato a Quetzalcóatl. Y una vez más Mictlantecuhtli dijo a sus servidores: "Dioses, ¿de veras se lleva Quetzalcóatl los huesos preciosos? Dioses, id a hacer un hoyo."

Luego fueron a hacerlo y Quetzalcóatl se cayó en el hoyo, se tropezó y lo espantaron las codornices. Cayó muerto y se esparcieron allí los huesos preciosos, que mordieron y royeron las codornices.

Resucita despés Quetzalcóatl, se aflige y dice a su nahual: "¿Qué haré, nahual mío?" Y éste le respondió: "Puesto que la cosa salió mal, que resulte como sea." Los recoge, los junta, hace un lío con ellos, que luego llevó a Tamoanchan.

Y tan pronto llegó la que se llama Quilaztli, que es Cihuacóatl, los molió y los puso después en un barreño precioso. Quetzalcóatl sobre él se sangró su miembro. Y en seguida hicieron penitencia los dioses que se han nombrado: Apantecuhtli, Huictolinqui, Tepazquizqui, Tlallamánac, Tzontémoc y el sexto de ellos, Quetzalcóatl. Y dijeron: "Han nacido, oh dioses, los macehuales (los merecidos por la penitencia). Porque por nosotros hicieron penitencia (los dioses)".

Así pues, de nuevo dijeron (los dioses): "¿Qué comerán (los hombres), oh dioses? ¡Que descienda el maíz, nuestro sustento!"

Pero entonces la hormiga va a coger el maíz desgranado, dentro del Monte de nuestro sustento. Quetzalcóatl se encuentra a la hormiga, le dice: "¿Dónde fuiste a tomar el maíz?, dímelo." Mas la hormiga no quiere decírselo. Quetzalcóatl con insistencia le hace preguntas. Al cabo dice la hormiga: "En verdad allí." Entonces guía a Quetzalcóatl, éste se transforma en seguida en hormiga negra. La hormiga roja lo guía, lo introduce luego al Monte de nuestro sustento. Entonces ambos sacan y sacan maíz. Dizque la hormiga roja guió a Quetzalcóatl hasta la orilla del monte, donde estuvieron colocando el maíz desgranado.

Luego Quetzalcóatl lo llevó a cuestas a Tamoanchan. Allí abundantemente comieron los dioses, después en nuestros labios puso maíz Quetzalcóatl, para que nos hiciéramos fuertes. Y luego dijeron los dioses: "¿Qué haremos con el Monte de nuestro sustento?" Quiere llevarlo a cuestas, Quetzalcóatl lo ata, pero no puede levantarlo.

Entre tanto echaba suertes Oxomoco, y también echaba suertes Cipactónal, la mujer de Oxomoco, porque era mujer Cipactónal. Luego dijeron a Oxomoco y Cipactónal: "Tan sólo si lanza un rayo Nanáhuatl, quedará abierto el Monte de nuestro sustento." Entonces bajaron los tlaloques (dioses de la lluvia). Los tlaloques azules, los tlaloques blancos, los tlaloques amarillos, los tlaloques rojos.

Nanáhuatl lanzó en seguida un rayo, entonces tuvo lugar el robo del maíz, nuestro sustento, por parte de los tlaloques. El maíz blanco, el oscuro, el amarillo, el maíz rojo, los frijoles, la chía, los bledos, los bledos de pez, nuestro sustento, fueron robados para nosotros.

Los toltecas, el pueblo de Quetzalcóatl, eran muy experimentados.

Nada les era difícil de hacer. Cortaban las piedras preciosas, trabajaban el oro y hacían toda clase de obras de arte y maravillosos trabajos de pluma.

En verdad eran experimentados. El conjunto de las artes de los toltecas, su sabiduría, todo procedía de Quetzalcóatl...

Los toltecas eran muy ricos, no tenían precio los víveres, nuestro sustento. Dicen que las calabazas eran grandes y gruesas. Que las mazorcas de maíz eran tan grandes y gruesas como la mano de un metate. Y las matas de bledos, semejantes a las palmas, a las cuales se podía subir, se podía trepar en ellas.

También se producía algodón de muchos colores: rojo, amarillo, rosado, morado, verde, verde azulado, azul, verde claro, amarillo rojizo, moreno y aleonado. Todos estos colores los tenía ya de por sí, así nacía la tierra, nadie lo pintaba.

Y también se criaban allí aves de ricos plumajes: pájaros color de turquesa, de plumas verdes, amarillas y de pecho color de llama. Toda clase de aves que cantaban bellamente, de las que trinaban en las montañas...

Y estos toltecas eran muy ricos, eran felices; nunca tenían pobreza o tristeza. Nada faltaba en sus casas, nunca había hambre entre ellos...

Se dice que cuando vivió allí Quetzalcóatl, muchas veces los hechiceros quisieron engañarlo, para que hiciera sacrificios humanos, para que sacrificara hombres, pero él nunca quiso, porque quería mucho a su pueblo, que eran los toltecas...

Y se dice, se refiere, que esto enojó a los magos, así éstos empezaron a escarnecerlo, a burlarse de él. Decían los magos y hechiceros que querían afligir a Quetzalcóatl, para que éste al fin se fuera, como en verdad sucedió.

En el año 1-Caña murió Quetzalcóatl, se dice en verdad que se fue a morir allá, a la Tierra del Color Negro y Rojo.

Se dice que en el año 1-Caña él mismo se prendió fuego y se quemó, se llama quemadero el lugar donde Quetzalcóatl ardió. Se dice que cuando ardió, en seguida se elevaron sus cenizas, vinieron a verlas todas las aves preciosas que vuelan y van al cielo: la guacamaya, el pájaro azul, el ave tornasol, el ave roja y azul, la de color amarillo dorado y otras aves de fino plumaje. Cuando la hoguera dejó de arder, se alzó el corazón de Quetzalcóatl y llegó hasta el cielo, en él entró. Dicen los viejos que entonces se convirtió en la estrella de la mañana...

El Callejón del Beso

La más sorprendente por su sabor trágico y romántico de auténtica leyenda, es la siguiente:

Se cuenta que doña Carmen era hija única de un hombre intransigente y violento, pero como suele suceder, siempre triunfa el amor por infortunado que éste sea. Doña Carmen era cortejada por un galán, don Luis, en un templo cercano al hogar de la doncella, primero ofreciendo de su mano a la de ella el agua bendita. Al ser descubierta sobrevinieron el encierro, la amenaza de enviarla a un convento, y lo peor de todo, casarla en España con un viejo y rico noble, con lo que además, acrecentaría el padre su mermada hacienda.

La bella y sumisa criatura y su dama de compañía, Doña Brígida, lloraron e imploraron juntas. Así, antes de someterse al sacrificio, resolvieron que Doña Brígida llevaría una misiva a don Luis con la infausta nueva. Mil conjeturas se hizo el joven enamorado, pero de ellas, hubo una que le pareció la más acertada. Una ventana de la casa de Doña Carmen daba hacia un angosto callejón, tan estrecho, que era posible, asomado a la ventana, tocar con la mano la pared de enfrente. Si lograban entrar a la casa frontera, podría hablar con su amada y, entre los dos, encontrar una solución a su problema.

Preguntó quién era el dueño de aquella casa y la adquirió a precio de oro. Hay que imaginar cuál fue la sorpresa de Doña Carmen cuando, asomada a su balcón, se encontró a tan corta distancia con el hombre de sus sueños.

Unos cuantos instantes habían transcurrido de aquel inenarrable coloquio amoroso, cuando más abstraídos se hallaban los dos amantes, del fondo de la pieza se escucharon frases violentas. Era el padre de Doña Carmen increpando a Brígida, quien se jugaba la misma vida por impedir que su amo entrara a la alcoba de su señora. El padre arrojó a la protectora de Doña Carmen, como era natural, y con una daga en la mano, de un solo golpe la clavó en el pecho de su hija.

Don Luis enmudeció de espanto. La mano de doña Carmen seguía entre las suyas, pero cada vez más fría. Ante lo inevitable, don Luis dejó un tierno beso sobre aquella mano tersa y pálida, ya sin vida. Por esto a este lugar, sin duda unos de los más típicos de nuestra ciudad, se le llama el Callejón del Beso.

Leyenda de la Bufa

Dícese que en ese pintoresco y bello picacho del Cerro de la Bufa alienta una princesa encantada de rara hermosura, que en la mañana de cada uno de los jueves festivos del año, sale al encuentro del caminante varón, pidiéndole que le conduzca en brazos hasta el altar mayor de la que hoy es la Basílica de Guanajuato, y que al llegar a ese sitio volverá a resplandecer la ciudad encantada, toda de plata, que fue esta capital hace muchos años, y que ella, la joven del hechizo, recobrará su condición humana.

Pero para romper este encantamiento hay condiciones precisas, tales como que el viajero, fascinado por la belleza de la joven que le llama, tenga la fuerza de voluntad suficiente para soportar varias pruebas; que al llevarla en sus brazos camine hacia adelante sin turbación y sin volver el rostro, a pesar de escuchar voces que le llamen y otros ruidos extraños que se produzcan a su espalda.

Si el elegido pierde la serenidad y se da la vuelta, entonces la bella muchacha se convierte en una horrible serpiente y todo termina ahí.

La oferta es tentadora: una lindísima muchacha y una fortuna inacabable, pero, ¿quién es el galán con temple de acero que pueda realizar esta hazaña? Por lo visto, es sumamente difícil llevar a cabo el reto, pues Guanajuato, el Estado que hoy conocemos, tiene más de cuatro siglos de vida y no ha habido quién cumpla los requisitos para deshacer el hechizo.

Escritores y poetas nacen y mueren y con mayor o menor galanura en el lenguaje todos repiten la leyenda, como un canto a Guanajuato, a la Bufa y a la hermosa princesa encantada.

Salvador

Las Momias de Guanajuato

La momificación se debe, sin que sea ésta una opinión científica, a la ventilación especial, es decir, a la altura, más bien al terreno, pues lo mismo ocurre en las gavetas que en el suelo. Con toda seguridad que el fenómeno no tiene lugar desde que fueron exhumados del Panteón Municipal, al término del tiempo reglamentario, los primeros cadáveres. Ese término es de cinco años, pero la momificación debe consumarse antes.

El dato de mayor importancia para la población es la circunstancia de la gran mortandad que hubo y porque varios de los cuerpos, por temor a que se propagara más la peste, eran inhumados casi al momento en que se declaraban muertos. Así sucedía que, en algunos casos, se les sepultaba cuando en realidad todavía no habían expirado, de modo que al volver de aquel estado cataléptico, ya en la tumba, morían finalmente por desesperación, por angustia y por asfixia. De ahí esa mueca de dolor que hay en algunas momias.

Esto fue durante la peste del cólera morbus que se registró en nuestra población allá por 1833. Aún no existía el panteón actual (1861), que es donde se verificó la momificación. Tal era la cantidad de muertos, que fue necesario abrir panteones complementarios en las laderas del cerro de San Cayetano y en una parte de la Cañada de Marfil.

Las Iglesias ayudaron mucho a resolver este problema en casi todo el país. Aquí fueron las de la Compañía, San Francisco, San Diego, Belén, San Roque, San Sebastián. Ésta es una de las más antiguas. De 1861, fecha en que se inauguró el Panteón Municipal, siendo Gobernador del Estado el general Francisco Pacheco, datan las primeras momificaciones.

El primer cadáver momificado que se exhibió correspondió al de un francés, el Dr. Remigio Leroy, en 1965, que aún existe. Desde hace muchos años las momias se exhiben al público en una cripta que se halla justamente debajo del lugar donde se registra este hecho curioso. En una galería que hay al fondo se ofrece el macabro espectáculo, formando las momias una doble fila de aproximadamente 15 metros de fondo y, acertadamente, detrás de una vidriera.

Leyenda de la Calle del Truco
(Leyenda del Truco)

Según se dice, el nombre de esta calle viene de esa palabra que significa ardid o artimaña, trampa en el juego aun cuando también puede ser corrupción de la voz "trueque", que significa cambio o permuta.

La gente que vive por allí asegura que una sombra de varón, vestido a la usanza, con larga capa, sombrero de ancha ala calado hasta las cejas, de modo que sólo deja ver dos chispas a manera de ojos sobre el rostro pálido y desencajado, se desliza apresurado a lo largo de esta calle cuando el silencio y las sombras de la noche son completas.

Es la sombra de don Ernesto, que sigiloso se detiene delante de una puerta.

Llama tres veces. Se oye un chirrido de ultratumba. Entra el caballero. Es la Casa de Juego, a la que sólo van los más ricos. Se juega en grande: primero las bolsas repletas de oro, después las fincas, luego las haciendas. Es mal día para don Ernesto. Ha perdido tres o cuatro de sus mejores propiedades. Está nervioso como nunca. La fortuna le ha dado las espaldas. Hace un recuento en la mente y advierte que lo ha perdido todo.

—"No todo, amigo, aún queda algo de valor".

—"¡El diablo lo supiera! ¿Qué es?"

—"Y va en una jugada por cuanto habéis perdido, en el primer albur" —agrega la primera voz.

Don Ernesto, fuera de sí exclama:

—"¿A qué os referís? ¡Decidlo de una vez! —y hace él ademán de incorporarse.

—"¡Calma, calma!" —agrega el contrincante.

—"¡Que tenga vuestra madre! —grita de nuevo el desafortunado caballero.

Su adversario se inclina sobre la mesa para musitar unas palabras al oído de don Ernesto...

—"¡No por Dios! ¡Ella no! —grita el perdidoso en el colmo de la exaltación.

—"Resolveos, así podréis recuperar vuestras riquezas"...

Transcurre unos instantes de lucha en el interior del sombrío jugador, y al fin exclama:

—"¡Sea pues! ¡A la carta mayor!"

Su amigo, parsimoniosamente, coloca sobre la mesa dos cartas; una sota de oros y un seis de espadas...

—"¡A la sota!" —grita don Ernesto temblando de emoción.

Se deslizan los naipes fatídicos... siete de bastos, tres de oros, caballo de copas y al fin aparece la carta maldita: el seis.

—"Perdéis nuevamente".

El caballero queda mudo, sin moverse, como desplomado sobre sí mismo.

Ha jugado a su bella esposa. Es hombre de palabra y tiene que cumplir.

Esa vez su adversario fue el propio diablo, por eso don Ernesto no vio una sola jugada...

Es la Calle del Truco.

Salvador

Plazuela de Carcamanes
(Leyenda de los Carcamanes)

Hace más de siglo y medio que vinieron a establecerse a esta ciudad dos hermanos extranjeros procedentes de Europa, según se decía por entonces.

Su apellido Karkaman fue degenerado en "Los Carcamanes" para referirse a ambos.

Su ocupación de comerciantes, pronto los hizo muy populares. La casa en que vivieron, aún puede verse al fondo, a la izquierda, de la que se llama Plazuela de San José, por su proximidad al Templo de este nombre. Es una casa de tres pisos, de la cual los hermanos ocuparon el entresuelo.

La vida transcurría tranquila y bonancible para los hermanos, pero un mal día, al amanecer la mañana del 2 de junio de 1803, ocurrió como reguero de pólvora la noticia de que los vecinos habían encontrado los cuerpos yertos de los hermanos "Carcamanes".

Y cuentan que cuando entraron a la casa que se hallaba abierta, el cuadro que se ofrecía a su vista era horrible, trágico y espeluznante.

Un doble asesinato para robarlos, fue la primera hipótesis que se formó en torno a su inesperada muerte.

Sin embargo, la realidad fue otra.

Una joven tan bella como frívola que allí vivía, fue hallada también con una tremenda herida en medio del corazón esa misma mañana del 2 de junio.

El lector podrá dilucidar que la frívola doncella sostenía relaciones amorosas con los hermanos, Arturo y Nicolás. El primero, poseído de profunda cólera, esperó a que llegara el segundo y, como acontece en esos casos, ni el parentesco ni la vida en común a través de los años fueron obstáculo para que ocurriera la terrible tragedia.

En ciega e iracunda pelea se trabaron los "Carcamanes", de la cual quedó tendido Nicolás, Arturo a pesar de hallarse muy mal herido, apoyándose en la pared con las manos ensangrentadas llegó hasta donde vivía la infiel y en su propio lecho la asesinó, volviéndose luego a su casa, donde se suicidó con la misma arma homicida.

Cuando las autoridades intervinieron y se corrieron los trámites de rigor, el cuerpo de Nicolás fue inhumado en el que es templo de San Francisco, y Arturo, en el Panteón de San Sebastián.

Y cuenta la leyenda que por ese rumbo de San José, a la casa hacen el recorrido, apenas cae la noche, hasta la madrugada, lamentando su suerte y llorando su castigo.

Índice

Otros títulos
de esta casa editorial

Esta obra se terminó de imprimir en los talleres
de Ediciones Leyenda, Ciudad Universitaria No. 11,
Colonia Metropolitana, 2a. Sección, Ciudad Nezahualcóyotl,
C.P. 57730, Estado de México.